Stefan Fleischer

AF285977

Gottes Kraft und
Gottes Weisheit

eine kleine Kreuzesmystik

Stefan Fleischer

Gottes Kraft und Gottes Weisheit

Eine kleine Kreuzesmystik

Bibliografische Information der Deutschen Nationalbibliothek: Die Deutsche Bibliothek verzeichnet diese Publikation in der Deutschen Nationalbibliografie; detaillierte bibliografische Daten sind im Internet über http://dnb.ddb.de abrufbar

Herstellung und Verlag:
Books on Demand GmbH, Norderstedt

Titelbild: Altarbild der Krypta der Kirche
St. Maria, Biel/Schweiz
Foto: Liselotte Fankhauser, Biel
im Auftrag des Autors

ISBN-13: 9783844805987

Auch als E-Book erhältlich

Lasset uns beten.

Wir beten dich an, Herr Jesus Christus, und sagen Dir Dank, denn durch Dein Heiliges Kreuz hast Du die ganze Welt erlöst.

Glaube, Hoffnung, Liebe, diese drei. Was anderes will Dein Kreuz mich lehren? Im Zweifel ist Dein Kreuz ein Ärgernis, in der Hoffnungslosigkeit ein Skandal, im Egoismus geht es mich nichts an. Im Glaube aber wird es meine Kraft, in der Hoffnung meine Weisheit, in der Liebe meine Freude. Was soll ich sonst noch zu Deinem Kreuz sagen? Nichts. Doch fragen muss ich mich, was Du mir damit sagst.

Im Glauben lehrst Du mich Demut. In der Hoffnung lehrst du mich Zufriedenheit, in der Liebe schenkst Du mir Freude. Eine ganz einfache Botschaft eigentlich, aber eine sehr umfassende, eine allumfassende, eine katholische.

Herr, wenn ich jetzt versuche, mich in Dein Kreuz zu vertiefen, nicht in wissenschaftlicher Neugier, sondern in mystischer Sehnsucht, dann bleibe Du bei mir, sei Du mein Lehrer und Erzieher, bis Glaube, Hoffnung und Liebe mich hineinführen in Dein ewiges Reich, wo Dein Kreuz als glanzvolle Thron Deiner Herrlichkeit steht.

Amen.

Im Glauben lehrst Du mich Demut.

Herr, mein Gott. Wenn ich vor Deinem Kreuz stehe, dann verstehe ich nichts. Dann kann ich mich abwenden, mich ärgern, darüber lachen, oder gleichgültig daran vorbei gehen. Dann kann ich aber auch glauben, glauben an das, was der Völkerapostel als „Gottes Kraft und Gottes Weisheit" bezeichnet. (1.Kor 1,24) Wenn ich aber glaube, dann bleibt mir nichts anderes übrig, als mich in Demut zu beugen vor diesem Thron deiner Herrlichkeit, und mir den Mut schenken zu lassen zu dienen, Dir, und meinem Nächsten.

Amen.

Die Botschaft des Kreuzes heisst:
„Du musst Dich entscheiden!"

Ja, mein Herr und mein Gott. Angesichts Deines Kreuzes muss ich mich entscheiden. Beweise gibt es vielleicht, dass ein gewisser Jesus von Nazareth vor rund zweitausend Jahren am Kreuz gestorben ist. Doch, was geht mich das heute noch an?

Den Beweis jedoch, dass dieser Jesus von Nazareth der Christus, der Sohn Gottes war, oder besser gesagt ist, den gibt es nicht, zumindest nicht in den so genannt exakten Wissenschaften. Deshalb hast du Deinen Jüngern aufgetragen, Dich zu verkünden. Auf sie sollen wir hören, ihnen sollen wir vertrauen.

Solcher Glaube ist nicht leicht. Ich muss Deinen Boten glauben. Ich muss Deiner Kirche glauben. Ich muss glauben, dass in der Schrift und der Überlieferung schlussendlich Du selbst es bist, der sich mir auf diese Weise offenbart.

Würdest Du Dich mir nämlich direkt zeigen, würdest Du direkt zu mir sprechen, ich würde wissen, ich wäre gezwungen zu glauben. Du aber willst, dass ich in Freiheit glaube, in Freiheit Dir anhange. Du willst, dass ich mich in Freiheit entscheide zu glauben, was Du uns offenbarst. Herr, ich glaube Dir.

Unter dem Kreuz verblasst meine eigene Grösse.

Dein Kreuz, o Herr, zerstört meinen Grössenwahn. Mir nichts auf meine körperliche Stärke einzubilden, das fällt noch einigermassen leicht. Mir nichts auf meinen Reichtum einzubilden ebenso. Aber mir nichts auf mein Wissen einzubilden, meinen Verstand, das verlangt viel mehr, das verlangt Glaube und Demut.

In Deinem Kreuz stehe ich vor dem grössten Geheimnis der Menschheitsgeschichte. Nicht nur, dass hier Gott als Mensch unter Menschen gelebt und gehandelt hat, beziehungsweise behandelt wurde, nein, sondern zuerst, dass diesem Handeln Gottes als Mensch ein tiefer Sinn zugrunde liegt, und eine Wirkung hat, die sich meiner menschlichen Logik schlichtweg entzieht.

Damit aber zeigst Du mir ganz brutal die Grenzen meiner Geschöpflichkeit und Deine unergründliche und deshalb unbegreifliche Grösse. Und nun erwartest Du, dass ich dies schlicht und einfach akzeptiere, dass ich demütig glaube. Herr, ich glaube, hilf meinem Unglauben.

Das Unglaubliche geschieht,
damit wir Gott glauben.

Ein Gott, der tatsächlich stirbt, und auf diese Art und Weise stirb – auch wenn er dann aufersteht – das ist unbegreiflich. Dass Du, mein Herr und mein Gott, für mich, für uns Menschen gestorben bist, das ist unglaublich. Und doch legst Du uns das zu glauben vor. Weshalb? Damit wir glauben.

Du hast uns das Kreuz als Zeichen unseres Glaubens geschenkt. Wärest Du einer der Götter der Antike, so wäre das sinnlos. Wärest du einfach der Gott unserer Wünsche, der Gott unserer Fantasie, auch dann wäre es sinnlos. Und genau so sinnlos wäre es, wärest Du ein nur rächender oder ein nur liebender Gott. Sinnlos ist dieses Kreuz, ohne unseren katholischen, den allumfassenden Glauben.

Durch Dein Kreuz, Herr, zeigst Du uns, dass Du unseren Glauben willst, jenen Glauben, der nicht nur an Gott glaubt, sondern auch Gott, Dir selber glaubt, ein Glaube, der sich auf Deine Offenbarung stützt.

Du willst diesen Glauben, der meinen Verstand übersteigt. Du erwartest, dass ich glaube. Herr, schenke mir diesen Glauben.

Um Gott am Kreuz zu begegnen braucht es grosse Menschen.

Herr, mein Gott, am Kreuz bist Du erhöht. Doch es genügt nicht, einfach zu Dir empor zu schauen. Du willst mich an Dich ziehen. Und dazu muss ich selber gross werden.

Gross werden muss ich zuerst einmal im Glauben. Denn ohne Glauben steht Dein Kreuz wie eine Wand zwischen Dir und mir. Ohne Glauben sehe ich entweder im Stolz von oben auf Dich herab, oder ich wende mich im Widerwillen von Dir ab.

Die richtige Grösse, um Dir am Kreuz in die Augen sehen zu können aber ist die Demut, der Mut, mich zu Dir zu bekennen, der Mut Dir zu dienen. Ich muss mir bewusst zu machen, dass Du, auch noch am Kreuz, mein Herr und mein Gott bist.

„Man sieht nur mit dem Herzen gut." Man kann auch Dein Kreuz nur mit dem Herzen gut, richtig sehen. Das Herz hebt mich immer auf die richtige Höhe, gegenüber meinen Mitmenschen, aber auch Dir gegenüber. Ja, nur mit dem Herzen wird mein Mitmensch, wirst auch Du mir ein Gegenüber, selbst am Kreuz. Schenke mir, Herr, die Grösse dieser Demut.

Das Kreuz ist weit mehr
als das Logo des Christentums.

Herr, mein Gott, Dein Kreuz ist immer noch weit verbreitet in unserer Welt. Es ragt von unseren Kirchtürmen empor, es steht in unseren Kirchen, es hängt als Schmuck um unseren Hals. Und doch ist es weitgehend zum Logo des Christentums verkommen.

Dein Kreuz aber ist weit mehr. Ja, einfach als Logo des Christlichen ist es sinnlos. Denn so wird es zum Kreuz ohne Gott und damit eigentlich zum Kreuz des Menschen, zum Symbol der Sinnlosigkeit des Lebens und des Leidens, zum Opium für das Volk, oder gar zum Laufrad, in dem das Mäuschen Mensch rennt und glaubt, so die Welt bewegen zu können.

Herr schenke mir und unserer Welt wieder den Glauben an das Kreuz, den Glauben an dieses unermessliche Geheimnis. Lass es mir immer mehr vom Zeichen zur Realität werden, damit ich überall, wo ich dieses Zeichen sehe, seine Wirklichkeit und Wirkung erkenne und erfahre, jene Wirklichkeit, die das Heil für mich und diese Welt ist.

Bin auch ich nur so lange ein guter Christ, als mein Kreuz nicht „unerträglich" wird?

Dass in Leid und Kreuz Heil liegen soll, das ist die skandalöse Behauptung des Christentums. Herr, du weißt, dass ich das glaube. Du weisst, dass ich Christ sein möchte, Teilhaber an diesem Geheimnis, und damit auch Teilhaber an Deinem Kreuz. Du weisst aber auch, dass alles in mir sich auflehnt gegen das Kreuz, dass ich lieber ein stiller, passiver Teilhaber sein möchte, als ein aktiver.

Als Christ bin ich gerufen, aktiv an Deiner Passion teilzuhaben. Damit aber stehe ich wieder vor dem Geheimnis Deines Leidens. Deine Passion, dieses Erleiden ist Handeln, das machtvolle und wirkungsvolle Handeln aus freiem Willen. Dein Leiden zeigt Deine ganze Kraft und Herrlichkeit, weil es in den Triumph Deiner Auferstehung mündet.

Lehre mich, Herr, so zu handeln wie Du, zu handeln auch durch das Erleiden, zu handeln in Demut, im Mut zu dienen, damit ich nicht zu jenen gehöre, die glauben, durch ihre eigenes Handeln Deine Passion unnötig machen zu können.

Das Christentum steht auf dem Boden des Kreuzes, oder es hängt in der Luft.

Auf den Kirchtürmen, hoch in der Luft, lässt der moderne Mensch Dein Kreuz noch stehen, Herr. Aus seinem Herzen hat er es längt verbannt. Hilf mir, eher einen Kirchturm ohne Kreuz zu akzeptieren, als eine „christliche" Botschaft ohne Dein Kreuz.

Sicher bist Du auch jener Jesus von Nazareth, jene ganz reale, historische Figur, der grossartigste Mensch aller Zeiten, dessen Botschaft auch heute noch lebt und die Welt verändert. Doch Deine Botschaft wird nur so lange leben, als sie auf dem Boden Deines Kreuzes steht, solange sie ihre durchschlagende Kraft aus der Kraft Deiner Passion schöpft.

Wie hängt doch das humanistische Gesäusel so vieler engagierter Christen in der Luft, erweist es sich beim Blick hinter die Fassade als Illusion, als Betäubungsmittel gegen die Hoffnungslosigkeit, als „bodenloses" Christentum.

Lass mich immer fest auf dem Boden Deines Kreuzes stehen, auch wenn dieser nicht immer eben, sondern meist harte Wirklichkeit ist.

**Schon viele sind ausgezogen,
das Leid aus dieser Welt zu schaffen,
und haben damit sehr viel Leid geschaffen.**

Dein Kreuz, Herr, zeigt, es ist eine Illusion, das Leid aus der Welt schaffen zu wollen. Diese Erfahrung, die die Menschen aller Zeiten immer wieder nicht wahr haben wollen, gehört zum Geheimnis Deines Kreuzes. Denn selbst Dein Kreuz hat das Leid nicht aus der Welt geschafft. Selbst Deine Erlösertat hat das Böse nicht schon ganz ausgeschaltet. Durch Deinen Tod hast Du es zwar besiegt, doch sozusagen mit aufschiebender Wirkung. Warum?

Ich glaube an das Geheimnis unserer Freiheit. Hättest Du das Böse und das Leid schon ganz vernichtet, ich wäre nicht mehr frei. Dein Kreuz hat mich befreit, ohne mir meine Freiheit zu nehmen. Dein Kreuz hat die ganze Welt erlöst, ohne ihr die Freiheit zu nehmen. Dein Kreuz macht wahrhaft frei, bis hin zur Freiheit, sich weiterhin vom Bösen gefangen nehmen zu lassen.

Dein Kreuz, Christus, mein Herr, macht frei, frei, Dir zu dienen, in jener Freiheit, die das Kreuz uns schenkt, die Freiheit der Demut.

Wer Christi Kreuz zur Seite schiebt
macht Jesus zum jämmerlichen Versager.

Herr, mein Gott. Wenn ich Dich so am Kreuz sehe, dann stellt sich immer wieder die Frage „Warum". Ich kann es drehen und wenden wie ich will, rein menschlich gesehen ist dieser Tod ein jämmerliches Versagen. „Anderen hat er geholfen, sich selbst kann er nicht helfen." (Mt 27,42) Ein idealer Mensch war er, aber ein Idealist, einer der glaubte, mit schönen Worten diese Welt verändern zu können. Die menschliche Erfahrung aller Zeiten, und gerade dieses Kreuz, zeigen uns, dass es so nicht geht.

Und doch geht es so. Das hast Du uns im Kreuz gezeigt. Auch wir sollen verkünden, sollen heilen und helfen, wo es geht. Aber auch wir sollen bereit sein, schlussendlich, menschlich gesehen, als Versager da zu stehen, als Idealisten.

Du warst nie realitätsfremd. Du wusstest um Dein Kreuz von Anfang an. Auch wir dürfen nicht realitätsfremd sein. Auch wir müssen um das Kreuz wissen, das uns erwartet. Du hast keine bessere Welt hier und jetzt verkündet. Du wolltest nur bessere Menschen aus uns machen. Bessere Menschen aber folgen Dir nach bis ans Kreuz. Dein Triumph ist das Kreuz. Lasse es auch mein Triumph sein.

Nimm Deinem Gegner das Kreuz und Du hast ihn besiegt.

Herr Jesus Christus, wie oft habe ich nicht schon erfahren, dass es gerade das Kreuz in meinem Leben ist, was mich stark macht, stark zum Tragen, stark zum Ertragen.

Wie oft habe ich nicht auch schon erfahren, dass gerade Kreuz und Leid meinen Gegner stark machen, ihn hart werden lassen, hart im Nehmen und hart im Geben. Wenn ich dann hart zurückschlage, was passiert? Er wird sich nur noch härter verteidigen.

Lehre mich, Herr, jene Demut, die sich bemüht, dem Gegner sein Kreuz zu nehmen, oder doch tragen zu helfen. Nur so kann er weicher, offener werden, kann er seine Verbissenheit ablegen, kann er mich besser verstehen und ich ihn. Nur so mach ich den Weg frei für jene Liebe, die Du uns aufgetragen hast.

Es ist ja Deine Demut, die Dich unser Kreuz tragen liess. Und damit hast du uns besiegt. Als Mann voll Schmerz und Wunden am Kreuz bis du unverwundbar geworden. Durch Dein Leid hast du den Gehorsam gelernt. (Hebr 5,8) Durch Dein Leiden hast du Dir Stärke erworben. Unsere Auflehnung hast Du damit zerbrochen, und damit den Weg frei gemacht, für unsere Liebe.

Die stärkste Macht der Welt
ist die Ohnmacht des Kreuzes.

Herr, mein Gott. Wenn wir von Dir sprechen, denken wir schnell einmal an Deine Allmacht. Doch dann stehen wir plötzlich wieder vor dem Kreuz. Und wir fragen uns, was ist das für eine Allmacht, die solches nicht verhindert hat?

Wahrscheinlich müssen wir lernen, dass auch Deine Allmacht weit über das hinaus geht, was wir begreifen können, dass diese Allmacht weit umfassender ist, als menschliche Macht, umfassender auch als alle Macht der Natur. Diese Allmacht umschliesst alles, selbst die Ohnmacht, die Ohnmacht der Liebe, die Ohnmacht des Kreuzes.

Wenn schon im menschlichen Bereich die Ohnmacht der Liebe Festungen zu schleifen vermag, wie viel mehr kann dann die Ohnmacht Deiner Liebe, die Ohnmacht Deines Kreuzes, versteinerte Herzen brechen, wandeln in Herzen, die aus Liebe zu Dir das Leid annehmen als die mächtigste Waffe der Welt.

Was konnten die Menschen von damals noch mehr gegen Dich tun? Sie hatten ihre ganze Macht ausgespielt. Was kann uns die Welt noch antun, wenn sie ihre Macht ausgespielt hat? Vor Deinem Kreuz wird sie kapitulieren müssen.

Das Kreuz ist die beste Schule
Gottes Hilfe annehmen zu lernen.

Mein Herr und mein Gott. So oft empfinde ich das Kreuz und das Leid so schwer, so unerträglich. Doch hin und wieder merke ich, dass all das nur so schwer ist, weil ich glaube, es allein tragen zu müssen.

Nicht einmal Du hast Dein Kreuz allein getragen. Simon wurde gezwungen, es Dir tragen zu helfen. Und, nicht Du hast ihn gezwungen. Deine Ohnmacht hat die Römer gezwungen, ihn zu zwingen, Dir zu helfen. Es war wieder diese Macht der Ohnmacht, die den Gegner zu einer Geste zwang, die Stärke nie hätte erzwingen können.

Was lehrt mich das? Auch ich kann und darf in Demut meine Ohnmacht annehmen. Ich darf in Demut auch mein Versagen annehmen, im tiefen Vertrauen, dass meine Ohnmacht, mein Versagen Dich, mein Herr und Gott, „zwingt" mir zu helfen, direkt, oder indem Du Mitmenschen „zwingst", mir zu helfen.

Ich weiss, Herr, das ist ein sehr gewagter Gedanke. Es ist aber die Konsequenz des Glaubens an die Macht der Ohnmacht, an die Macht des Kreuzes. Er kann mich „zwingen", Deine Hilfe anzunehmen, in Demut und Dankbarkeit hilfsbedürftig zu sein.

Das Kreuz annehmen kann nur, wer Gott annimmt.

Gekreuzigter Herr Jesus, immer wieder sind wir versucht, das Kreuz, Dein Kreuz wie unser eigenes, nur annehmen zu wollen, wenn wir es verstehen. Und doch machen wir immer wieder die Erfahrung, dass wir das Kreuz nur dann verstehen lernen, wenn wir es zuerst annehmen.

Um aber das Kreuz annehmen zu können, Deines wie unser eigenes, müssen wir uns erst Deiner bewusst werden, müssen wir zuerst Dich annehmen, Dich, unseren Herrn und Gott. Dabei aber haben wir oft wieder das gleiche Problem. Wir weigern uns, Dich anzunehmen, solange wir Dich nicht verstehen.

Doch wie können wir Dich überhaupt je ganz begreifen? Dem steht Deine ganze Grösse entgegen, Deine Gottheit, die unser Fassungsvermögen absolut übersteigt. Nur wenn ich glaube, dass Du Gott bist, der Allmächtige, der Schöpfer des Himmels und der Erde, kann ich lernen, Dich anzunehmen, so wie Du bist, unbegreiflich und unfassbar, und doch so unendlich nahe, nicht zuletzt auch im Kreuz, in Deinen, wie in meinem.

Besser wird die Welt nur, wenn der Mensch nicht alles besser wissen will.

Um Dich, Herr und Gott, nicht begreifen, nicht ganz verstehen zu wollen, braucht es Demut, braucht es jene Bescheidenheit, die nicht sein will wie Gott, die nicht selber und besser wissen will, was richtig und falsch, was gut und was böse ist.

Diese Bescheidenheit ist nicht leicht. „Ich weiss, dass ich weiss" liegt mir immer näher als „Ich weiss, dass ich nicht weiss." Wissen ist Macht. Dein Kreuz aber ist eine ganz andere Macht. Es ist die Ohnmacht Deiner allmächtigen Liebe.

Diese Bescheidenheit ist nicht einmal Dir gegenüber leicht, selbst wenn ich behaupte, Du seiest der Allwissende. Immer wieder weiss ich alles besser, glaube ich sogar Dir sagen zu müssen, was Du zu tun und zu lassen hast.

Herr lehre mich und die ganze Welt, nicht immer alles besser wissen zu wollen, sondern bei Dir, in deiner Offenbarung, und nicht zuletzt in der Offenbarung Deiner ohnmächtigen Liebe am Kreuz, jenes entscheidende Wissen zu suchen, das der Wahrheit und damit dem Frieden dient.

Das Kreuz ist jenes ungerechte Urteil, das zur Gerechtigkeit führt.

Wohl niemand wird das Urteil über Dich, Herr, gerecht nennen. Es war ein politisches Urteil, um einen unliebsamen Kritiker zum Schweigen zu bringen. Da kam dann Dein Anspruch, Gottes Sohn zu sein, Deine „Gotteslästerung", wie gerufen.

Doch gerade in und durch dieses Urteil erfüllt sich die Verheissung des Engels: „Er wird sein Volk von seinen Sünden erlösen." (Mt 1,21) Es ist eine ungeheure Behauptung, Gott hätte, um Seiner Gerechtigkeit Genüge zu tun, und um uns Menschen gerecht zu machen, Seinen Sohn dahin gegeben. Aber nichts anderes sagt uns unser Glaube.

Wenn ich Dich, Herr, so gross und allmächtig sehe, wie Du bist, dann hättest Du uns anders retten können. Ein Wort von Dir hätte genügt. Aber hätten ich dann das Gewicht meiner Sünde in Deinen Augen begreifen können? Oder hätte ich dann erahnen können, wie sehr Dir unsere, meine Gerechtmachung am Herzen liegt? Oder hätte ich mir je bewusst werden können, dass selbst eine Ungerechtigkeit, aus Liebe getragen, mehr zur Gerechtigkeit beizutragen vermag, als jedes Pochen auf mein Recht, als jede Rechthaberei?

Welch eine Grösse, die es sich erlauben kann ohnmächtig am Kreuz zu sterben!

Die Grösse des Menschen misst sich nicht an seiner Stärke, nicht an seinem Wissen, nicht an seiner Macht. Seit du, Herr, am Kreuz gestorben bist, misst sich diese Grösse, auch meine Grösse, an der Fähigkeit, ohnmächtig zu sein, und das ist nichts anderes als Demut.

Demut ist der Mut zu dienen. Sie ist der Mut, zu verzichten, zu verzichten auf eigene Macht, auf eigene Stärke. Oder besser gesagt, Demut ist der Wille, all meine Fähigkeiten, also auch meine Stärke, mein Wissen, meine Macht, einzusetzen im Dienst, im Dienst für Gott, immer und überall, wo und wie Er mich einsetzen will.

Dich, Herr, hat der Vater eingesetzt, als Mensch in der Verkündigung, als Helfer und Heiler der Not vieler, und zuletzt als Schmerzensmann am Kreuz, das Deine Verkündigung besiegelte und beglaubigte.

Herr, schenke auch mir, diese Demut, diese Grösse, mich zu bemühen, in allem und jedem Deinem Auftrag gerecht zu werden, und, wenn nötig, auch meinen Einsatz für Dich zu beglaubigen durch die Ohnmacht des Kreuzes.

Jesus von Nazareth hätte leicht dem Kreuz ausweichen können. Christus nicht.

Wenn wir den Berichten der Schrift Glauben schenken, dann hättest Du, Herr, dem Tod am Kreuz, zumindest noch lange, ausweichen können. In Deinen Stammlanden warst du relativ sicher und die Absichten Deiner Gegner waren Dir wohl bekannt. Du hättest nur nicht hinaufgehen müssen nach Jerusalem.

Als Mensch Jesus von Nazareth hättest Du wohl so gehandelt. Denn um zu spekulieren, Deine Verhaftung würde einen Volksaufstand auslösen, dazu kanntest Du die Wankelmütigkeit des Volkes zu gut.

Als Christus aber hast Du anders gehandelt. Als Christus konntest Du nicht anders, als den Auftrag des Vater, den Du im Wissen um all seine Folgen angenommen hast, zu erfüllen. Als Jesus von Nazareth wäre es Torheit gewesen, was Du als Christus in der Kraft und der Weisheit Gottes getan hast.

Auch ich bin immer wieder versucht, mich vor dem drücken zu wollen, was mir zumutet wird. Hier muss sich mein Glaube bewähren, jener Glaube, der darauf vertraut, dass Gottes Macht und Gottes Weisheit auch mich trägt.

Der Mensch von heute kann das Kreuz nicht verstehen, weil er nicht verstehen will, dass er Gott nie ganz verstehen kann.

Herr, mein Gott, das ist es, was ich zuerst verstehen, zuerst begreifen muss, dass ich Dich, dass ich Gott nie werde ganz verstehen können.

Dich nicht immer begreifen zu können, Dich nicht immer begreifen zu wollen, das ist die Demut, die Du von mir erwartest. Das ist nicht immer leicht. Dabei ist es doch so einfach. Ich selber sehe kaum über den Tellerrand meines Lebens hier und jetzt hinaus. Ich selber kenne weder alle Ursachen noch alle Folgen meines Seins und Handelns. Ich kann nicht einmal mich selber immer verstehen.

Du aber bist grösser. Du bist der Allwissende und Allmächtige. Du weiss alles, das Vergangene wie das Zukünftige, die Ursachen und die Folgen. Und du vermagst alles, Du vermagst selbst mein Kreuz und mein Leid mir und meinen Mitmenschen zum Heil und zum Segen werden zu lassen. Ja, selbst Versagen und Unrecht, mein eigenes wie das meiner Nächsten, vermagst Du in Dein Kreuz hinein zu nehmen, in jenes Kreuz, das alle Ungerechtigkeit der Welt auf sich genommen und so alle gerecht gemacht hat, die dies in Demut begreifen und anzunehmen bereit sind.

„Steige herab vom Kreuz,
dann werden wir an dich glauben."
(Mk 15,30)

Herr mein Gott, einmal hast du dem Volk und seinen Führern den Vorwurf gemacht: „Wenn ihr nicht Zeichen und Wunder seht, dann glaubt ihr nicht." (Joh 4,48) Genau diese Art des Unglaubens will Dein Kreuz durchkreuzen. Du willst, dass wir glauben, auch ohne zu sehen, ohne den Beweis dafür in den Händen zu halten. Du willst, dass wir Dir glauben.

Wenn wir Dir dann glauben, wenn wir glauben weil Du es sagst: „Dies ist mein Fleisch", so bekommt dieser Satz plötzlich einen ganz neuen Sinn. Dann steigst du wirklich herab vom Kreuz, zu uns, auf den Altar. Dann wirst Du noch in einem ganz anderen Sinn das Opferlamm, nämlich unsere Opferspeise, die Speise auf unserem Glaubensweg. Dann schenkst Du uns in dieser Speise die Kraft zu glauben.

Wenn ich mich also bemühe, im Glauben zu sehen, dass Du geheimnisvoll aber tatsächlich in jeder Eucharistie herab steigst vom Kreuz zu uns, auf den Altar, dann schenkst Du mir Kraft zu glauben, zu glauben an jene Allmacht des Kreuzes, die weitaus grösser ist, als jede Macht dieser Welt.

Herr, lehre mich zu glauben, dass Du am Kreuz geblieben bist, damit Du immer wieder zu uns herab steigen kannst, auf den Altar.

Christus hat die Freiheit des Kreuzes gewählt. Zu dieser Freiheit hat er auch uns berufen.

Ja, mein Herr und mein Gott, in Freiheit hast Du das Kreuz gewählt. Deshalb konnte das Kreuz für Dich zur Freiheit werden. Deine Allmacht hätte Dir erlaubt, dem Kreuz auszuweichen. Deine Liebe erlaubte Dir, am Kreuz zu bleiben.

Und nun willst Du mir die gleiche Grösse, die gleiche Freiheit schenken. Es ist die Freiheit, das Kreuz anzunehmen und in Freiheit darin auszuharren, wo und wann immer Du diese Liebe von mir erwartest.

Du hast das Kreuz nicht bewusst gesucht. Es war für dich nur die logische Konsequenz Deiner Demut, Deines Mutes, dem Vater und uns zu dienen. So muss und darf auch ich das Kreuz nicht bewusst suchen. Auch mir muss das Kreuz einfach die logische Folge meiner Demut sein, die Konsequenz meines Mutes, Dir und meinem Nächsten zu dienen.

Demut richtet sich ja nie gegen mich. Demut richtet mich einfach immer wieder über mich hinaus, zieht mich hinauf, auf die Höhe Deines Kreuzes, nimmt mich hinein in den Dienst, in Deinen Liebesdienst.

**Wenn der Mensch gläubig genug wäre,
Christi Botschaft ganz anzunehmen,
es hätte des Kreuzes nicht bedurft.**

Herr, mein Gott, das Kreuz ist die Bestätigung, das Siegel Deiner Botschaft. Deine Botschaft aber ist nichts anderes als die Liebe, die Liebe Gottes zu uns, unsere Liebe zu Gott, und aus dieser gegenseitigen Liebe heraus, die Liebe zum Nächsten und zu mir selbst.

Eigentlich ist es eine ganz einfache Botschaft. Aber sie ist eben auch eine allumfassende, eine katholische Botschaft. Sie lässt sich nicht in ihre Einzelteile zerlegen. Sobald ich versuche, einen Aspekt heraus zu picken, wird sie unglaubwürdig. Ein Gott, der mich einfach so liebt, bedingungslos, das ist doch kein Gott. Ein Gott, der meine Liebe fordert, ohne mich zu lieben, das kann doch nicht sein. Ein Gott, der seine Geschöpfe liebt, und mich davon dispensiert, diese auch zu lieben, oder ein Gott, der von mir erwartet, dass ich mich selber von der Liebe zu all seinen Geschöpfen ausschliesse, all das wäre unlogisch.

Aber genau das, dieses sich auf einen Teil der Botschaft zu versteifen und die anderen zu vernachlässigen, das ist unsere, meine grosse Versuchung. Dagegen steht Dein Kreuz als das unübersehbare Zeichen der allumfassenden Liebe des dreifaltig einen Gottes. Gewähre mir, Herr, selber mit einer allumfassenden Liebe zu antworten.

Macht kreuzigt,
Liebe lässt sich kreuzigen.

Macht kreuzigt. Das ist bei uns Menschen so. Du aber, allmächtiger Gott, Du lässt Dich kreuzigen.

Ein starkes Zeichen, eine harte Forderung ist das, was du hier aufstellst. Du forderst von mir die Einsicht, dass nicht Macht meine Grösse ausmacht, sondern der Verzicht auf Macht, oder genauer, der Verzicht auf die Ausübung der mir verliehenen Macht, wo die Liebe dies fordert.

Es ist ja nicht so, dass ich auf jede Ausübung von Macht verzichten soll und darf. Du selbst hast Deine Macht überall eingesetzt, wo dies mit Deiner Liebe zu uns vereinbar war. Auch ich soll also meine Kraft, meine Macht überall dort einsetzen, wo es mit der Liebe zu Dir und zum Nächsten vereinbar ist. Gott aber soll in allem den Vorrang haben, gerade auch gegenüber der Macht.

Das kann sehr weit gehen. Das kann buchstäblich, wie bei Dir, ans Kreuz führen. Das kann aber auch ganz unspektakulär, ganz im Verborgenen geschehen, dieser Verzicht auf Macht, wo die Liebe dadurch verletzt würde. Und das will gelernt und geübt sein, bei jeder sich bietenden Gelegenheit. Dann, Herr, werde ich fähig werden, notfalls auch ein grosses Kreuz anzunehmen.

Unnötiges Leid ist unnötig.
Nötiges Leid ist notwendig.

Wenn ich mich immer wieder am Leid stosse, wenn ich nicht verstehe, wenn ich mich auflehne, dann, weil wir alle in unserem Innersten wissen: „Unnötiges Leid ist unnötig!"

An sich wäre alles Leid unnötig, wäre der Mensch, wäre die Schöpfung in dem Zustand geblieben, in dem sie geschaffen und gedacht waren. Erst durch den Ungehorsam kam das Leid in die Welt. Und deshalb, Herr, ist das sicherste Mittel gegen das Leid, der Gehorsam.

Du selbst warst gehorsam, bis zum Tod, ja bis zum Tod am Kreuz. Dein Gehorsam schloss das mit Leid ein. In deinem Gehorsam war das Leid notwendig. Auch in meinem Gehorsam ist es oft nötig, Leid in Kauf zu nehmen. Genau deshalb ist auch für mich das Leid oft notwendig.

Wenn ich Deinen Umgang mit dem Leid betrachte, dann wird mir plötzlich klar, für Dich war Dein Leid nötig, notwendig, das Leid Deiner Mitmenschen aber oftmals unnötig, ein Grund, einzugreifen, zu helfen, zu heilen. Irgendwie muss es auch für mich so werden. Irgendwie muss auch ich erkennen, wo mein Leid nötig, notwendig, und gleichzeitig, wo das Leid meiner Mitmenschen unnötig ist, wo ich eingreifen, helfen und heilen muss und kann.

Selbst Christus liess sich helfen, sein Kreuz zu tragen.

Die Forderung, Herr, in Demut und Liebe mein Kreuz zu tragen, darum komme ich nicht herum, wenn ich Dir nachfolgen will. Das heisst aber noch lange nicht, das Leid zu suchen, um Dir meine Demut und meine Liebe zu beweisen. Das wäre nichts anderes als Stolz. Wahre Demut akzeptiert alles aus Deiner Hand, die Leid und die Freude, die Stunden am Kreuz wie die Stunden auf dem Tabor.

Du selbst liessest es zu, dass Simon Dir helfe. Das war nicht einfach eine Gelegenheit, Dir selber das Kreuz zu erleichtern. Nein, das war ein demütiges Annehmen von Hilfe. Anderen hast Du geholfen. Dir selber liessest auch Du helfen.

Herr, eine der grössten Versuchungen des Stolzes ist es wohl, sich nicht helfen zu lassen. Da ist wieder dieses „ich selber" im Spiel, diese grösser, besser, selbstständiger sein zu wollen als der Andere. Wo ich aber nicht im Alltag übe dieses „ich selber" zurück zu nehmen, da laufe ich schnell einmal Gefahr, auch Dir gegenüber mit einem solchen „ich selber" auftrumpfen zu wollen.

Herr, lehre mich, Hilfe anzunehmen, von Dir und von meinem Nächsten, auch wenn dadurch mein Stolz verletzt wird.

Die letzte Konsequenz des Kreuzes ist die Erlösung.

Die letzte Konsequenz, und damit der letzte Sinn Deines Kreuzes, Herr, ist die Erlösung. Und wenn ich weiter denke, so heisst dies für jeden Einzelnen eigentlich zweierlei. Einerseits ist Dein Kreuz die Erlösung aller Menschen aus dem Joch der Sünde. Und andererseits ist es meine ganz persönliche Erlösung, die Erlösung aus meiner persönlichen Sünde und Schuld.

Dies sehen aber heisst anerkennen, dass es die Sünde gibt, die Sünde der Menschheit, die auf der Erbschuld beruht und aus ihr heraus fliesst, anerkennen aber auch, dass es auch meine persönliche Sünde gibt, die ebenfalls aus der Erbschuld fliesst, nun aber mein eigener, freier Ungehorsam, meine persönliche, freie Auflehnung gegen Dich ist.

Doch so, wie durch Dein Kreuz Erlösung entsteht, so kann auch mein Kreuz in der Kraft und Weisheit Deines Kreuzes zur Erlösung werden. So wie all mein Tun und Lassen nicht ohne Einfluss auf meine Umgebung bleibt, so bleibt auch mein Kreuz nicht ohne Einfluss. Je nachdem ich daraus mache, Auflehnung oder Annahme, Ungehorsam oder Gehorsam, steht auch mein Kreuz als Zeichen des Heils oder des Unheils in dieser Welt.

Welch eine Herrlichkeit, der auch die Schmach des Kreuzes nichts anhaben kann.

Herr, mein Gott. Allzu oft sehe ich nur Dein physisches Leid am Kreuz. Sicher, dieses war ungeheuer schwer. Doch gab es da nicht auch noch das andere, das psychische Leid, die Ungerechtigkeit des Urteils, die Feigheit des Pilatus und Deiner Freunde, die Verspottung und die Schmach, als Verbrecher da zustehen. Wollten Dich nicht Deine Gegner gerade mit dieser Schmach vernichten, und nicht nur Dich, sondern auch Deine ganze Botschaft?

Doch Deine göttliche Herrlichkeit lässt sich so nicht vernichten. Sie ist viel grösser, umfassender, allumfassender. Schlussendlich strahlt sie gerade im Kreuz auf als Gottes Macht und Weisheit, sichtbar und spürbar schon jetzt, für alle die glauben, sichtbar und spürbar für wirklich alle Menschen einst beim Gericht.

Herr, mein Gott, aus dieser Sicht sollte es eigentlich leicht sein, mit Dir und für Dich Schmach zu ertragen, belächelt oder gar verspottet zu werden. Ja, selbst Verfolgung und Leid werden tragbar im Glauben und in der Hoffnung auf die Macht Deines Kreuzes. Herr, erinnere mich immer wieder daran.

Ich weiss nicht, warum es zur Erlösung des Kreuzes bedurfte. Ich glaube, dass es das Kreuz zu unserer Erlösung braucht.

Warum? Diese Frage, Herr, mein Gott, beschäftigt die Menschen, beschäftigt auch mich immer wieder. Und wenn mich jemand fragt, so muss ich sagen: "Ich weiss es nicht." Sicher, es gibt viele Ansätze, mich an dieses Geheimnis heran zu tasten. Aber schlussendlich bleibt es ein Geheimnis, das Geheimnis Deiner Grösse, Deiner Macht, Deiner Allmacht.

So bleibt mir nur zu glauben, dass es dieses Kreuz, Dein Kreuz, zu unserer Erlösung brauchte. Du wolltest es so. Also war es notwendig, also gab es keinen besseren Weg zu unserer Erlösung, keinen, der Deiner Grösse und unserer Freiheit gerecht geworden wäre.

Damit aber bleibt mir auch nichts anderes als zu glauben, dass es auch meines Kreuzes zu meiner, zu unser aller Erlösung bedarf, oder besser gesagt, dass es der Annahme des Kreuzes durch mich dazu bedarf. Denn auch in Deinem Kreuz ist ja nicht das Leid, sondern die freie Annahme das Entscheidende. So gesehen wird die freie Annahme meines Kreuzes zur Solidarität mit Dir und meinen Mitmenschen.

Der Arzt bestimmt meine Medizin.
Gott bestimmt mein Kreuz.

Wie ganz selbstverständlich akzeptiere ich doch jede Medizin, die mein Arzt mir verschreibt. Und wie wenig bin ich bereit, jenes Kreuz anzunehmen, das Du mit verordnest. Dabei spüre ich doch immer wieder, dass alles, was Du mir schenkst, nur zu meinem Besten ist.

Die Freude, die du mir schenkst als Medizin aus Deiner Hand anzunehmen fällt leicht. Es genügt, an Deine Liebe zu uns zu denken. Um die bittere Medizin des Leidens ebenfalls als solche zu sehen, muss ich genau so bewusst an diese Deine Liebe glauben, aber auch an Deine Macht, oder kurz gesagt an die Macht Deiner ohnmächtigen Liebe am Kreuz.

Du, Herr, bestimmst meine Medizin. Du bist der Arzt, dem ich vertraue. Und dieses Vertrauen in Dich ist wiederum nichts anderes als Demut. In diesem Vertrauen anerkenne ich Deine ganze Grösse und Macht genau so, wie Deine ganze Liebe zu mir, zu uns. In dieser Demut werde ich bereit Dir zu dienen, genau so, wie Du es von mir erwartest. Diese Demut lehrt mich, nicht mehr zu fordern, als ich brauche, weder mehr süsse noch mehr bittere Medizin, weder mehr Freude noch mehr Leid. Herr, lass mich immer mehr Dich als meinen Arzt sehen.

In der Hoffnung lehrst Du mich Zufriedenheit.

Herr mein Gott, wenn ich im Glauben vor Deinem Kreuz stehe, dann wächst in mir die Hoffnung, das Vertrauen auf Deine Kraft und Weisheit, die sich hier zeigt, die sich hier mir schenkt. Dann merke ich bald einmal, dass Dein Kreuz wohl das grösste Geschenk ist, das ich, das wir Menschen je erhalten haben. All Deine Geschenke aber wollen mich zur Dankbarkeit führen, und mir so Zufriedenheit schenken, jene Zufriedenheit, die die Welt mit all ihren Gaben nur ansatzweise und kurzfristig zu schenken vermag.

Amen.

Das Kreuz ist jene Realität
die Hoffnung schenkt.

Warum, Herr, sind so viele unserer Hoffnungen Illusionen?

Wir hoffen auf Glück, auf Erfüllung. Noch mehr hoffen wir auf Befreiung vom Leid in all seinen Formen. Und immer wieder stehen wir mit leeren Händen da, enttäuscht, vielleicht sogar verbittert, von Gott und der Welt verlassen. Vielleicht sind wir dann noch realistisch genug zu sehen, dass dieses oder jenes Leid gar nicht von uns genommen werden kann, dass unsere Hoffnung irrational ist.

Dann gibt es nur ein Mittel, eine Waffe gegen diese Hoffnungslosigkeit. Es ist der Blick auf Dein Kreuz. Rational gesehen kann uns ein Gekreuzigter nicht helfen. Und doch hast Du durch Dein Kreuz der ganzen Welt geholfen. Hier kommt jener Glaube zum Zug, der den Verstand übersteigt, ohne ihm zu widersprechen. So entsteht jene Hoffnung, die die Realität dieser Welt durchbricht, hin zu Deiner allumfassenden Realität, hin zur Realität Gottes.

In dieser Deiner Realität, Herr, können selbst Leid und Kreuz zur Hoffnung werden, die meinen engen, egozentrischen Blickwinken durchbrechen. In dieser Hoffnung schenkst du uns einen Ausblick auf Deine unendliche, unfassbare Liebe.

Dankbarkeit für das Kreuz Christi ist der erste Schritt zur Dankbarkeit für das eigene Kreuz.

Herr, mein Gott, die unbegreifliche Realität Deines Kreuzes schenkt uns Hoffnung. Für diese Hoffnung sollen wir dankbar sein.

Selbstverständlich will ich auch, ja zuerst, dankbar sein für die Erlösung, die Dein Kreuz mir, uns allen, geschenkt hat. Aber, ist nicht gerade die Erlösung der Grund meiner Hoffnung? Ist nicht gerade die Erlösung jene unbegreifliche Realität in der Dein Kreuz seinen Sinn erhält?

Dankbarkeit für diese Hoffnung ist also zuerst einmal Dankbarkeit für Dein Kreuz. Dankbarkeit für Dein Kreuz wiederum führt zur Liebe zu Deinem Kreuz. Und diese Liebe führt zu einem immer tieferen Verstehen Deines Kreuzes.

Je besser ich jedoch Dein Kreuz verstehe, desto tiefer verstehe ich auch mein eigenes. Und irgendeinmal komme ich dann zur Liebe zu meinem eigenen Kreuz, zu jener echten Liebe, die darin besteht, zuerst einmal Deinen Willen und Deine Liebe darin zu sehen. Das wiederum führt mich Schritt für Schritt zur Dankbarkeit für mein Kreuz.

Das Kreuz ist die Antwort Gottes auf unseren Ungehorsam.

Herr, unser Gott, du hast den Menschen nicht für das Leid und das Kreuz erschaffen. Er und die ganze Schöpfung sollten Dir in Freude dienen. Erst durch den Ungehorsam kam das Leid in die Welt. Du hast auch mich nicht dazu erschaffen, das Kreuz zu tragen. Auch ich soll Dir in Freude dienen. Deswegen darf ich das Kreuz auch nicht suchen. Aber ihm ausweichen, das kann ich nicht.

Deine Antwort auf den Ungehorsam des Menschen ist das Kreuz, aber nicht einfach mein Kreuz oder all die Kreuze der Menschheit. Diese sind nur die logische Folge unseres „sein Wollens wie Du". Deine Antwort ist das Kreuz Deines Sohnes, unseres Herrn und Erlösers.

Sein Gehorsam hat uns aus dem Ungehorsam erlöst. Hinein genommen in Seinen Gehorsam wird unser Gehorsam, unsere Annahme des Kreuzes zur Antwort, zu unserer Antwort auf die Antwort Gottes auf unseren Ungehorsam. Und so wie Gott den Gehorsam seines Sohnes angenommen hat, so haben wir die Hoffnung, dass er auch unseren Gehorsam annimmt zu meiner Erlösung und zur Erlösung der ganzen Welt.

Das Kreuz trennt nicht von Gott.
Es bindet an Ihn.

Herr Jesus Christus, wie oft sind wir Menschen nicht versucht, mit unserem Kreuz zu hadern, und deswegen mit Dir. Ja, manchmal sind wir sogar versucht, aus unserem Kreuz einen Grund zu machen, um uns von Dir abzuwenden. Dein Kreuz aber zeigt, dass Du Dich nie von uns abwendest, ja, dass du Dich immer uns zuwendest, gerade durch das Kreuz. Durch Dein Kreuz willst Du den Menschen, der sich von Gott abgewandt hat, wieder an Ihn binden. Das ist unser Glaube. Das ist unsere Hoffnung. Darauf dürfen wir vertrauen.

Darauf darf auch ich vertrauen. Ja, ich darf sogar glauben, hoffen und darauf vertrauen, dass auch mein Kreuz weit mehr ist, als nur die Folge des Ungehorsams, dass auch mein Kreuz wesentlich dazu dient, mich wieder an Dich, an Gott zu binden. Ich darf glauben, hoffen und vertrauen, dass auch mein Kreuz dazu beiträgt, meine Beziehung zu Dir zu fördern und zu vertiefen.

Die Beziehung zu Dir ist ja nicht nur die Beziehung zu Deiner Gottheit. Sie ist auch die Beziehung zu Deinem Menschsein. Und wo ist eine Beziehung tiefer als im Mitleid, im Mit-leiden. In meinem Kreuz kann ich mit Dir leiden und so vertrauen, dass auch mein Kreuz nicht sinnlos ist.

Wer auf das Kreuz stösst, ist auf dem richtigen Weg.

Herr Jesus Christus, niemand kann dem Kreuz ausweichen. Aber wir wollen dies nicht erkennen. Wir sehen nur unser Kreuz. Wir denken nicht daran, dass wir in unserem Kreuz Deinem Kreuz begegnen können, begegnen dürfen.

An Deinem Kreuz führt kein Weg vorbei. „Ich bin der Weg", hast Du gesagt (Joh 14,6) Zu diesem Deinem „Ich" gehört auch Dein Kreuz. So gehört auch zu meinem Weg, den Du bist, mein Kreuz.

Deshalb kann das Kreuz für mich zum Wegweiser werden, zur Wegmarke, die mir bestätigt, dass ich auf dem richtigen Weg bin. Entscheidend ist, dass ich darin Dein Kreuz, die Teilnahme an Deinem Kreuz sehe.

Schon die Beziehung zu Dir, wenn es mir gut geht, ist nicht immer einfach. Sie braucht Übung. Die Beziehung zu Dir im Kreuz ist noch schwieriger. Doch auch zu ihr kommt man mit der Übung. Deshalb darf ich in meinem Kreuz auch den Sinn sehen, dass Du mir Übungsmöglichkeiten, dass Du mir dieses Training schenkst für eine immer bessere, eine immer umfassendere, innigere Beziehung zu Dir.

Das Kreuz ist so allgegenwärtig in dieser Welt, dass wir eigentlich nie davor zu erschrecken bräuchten.

Herr unser Gott, Du erwartest, dass ich auch in Kreuz und Leid meine Zuversicht bewahre, dass ich vertraue. Oft aber schreckt mich das Kreuz, besonders jenes, das unerwartet vor mir steht, oder das auch nur plötzlich irgendwo her droht. Doch warum erschrecke ich eigentlich? Ist nicht das Kreuz so allgegenwärtig in dieser Welt, dass es mich eigentlich nicht mehr erschüttern sollte?

Das Problem ist, dass ich zum Kreuz der Anderen immer auf Distanz gehe, dass ich es oft gar nicht wahrnehmen will. Wenn das Kreuz dann in mein Leben tritt, wenn ich nicht mehr auf Distanz gehen kann, dann wirkt es sofort bedrohlich.

Herr, lehre mich, mit dem Kreuz der Andren so umzugehen, dass es mir vertraut wird, schon bevor es mich selber erreicht. Dann kann ich auch mein Kreuz als etwas ganz Selbstverständliches annehmen lernen, etwas, das nun einmal zu meinem Leben gehört, so wie es zu jedem anderen Leben gehört.

Dann kann ich auch lernen, dass das Kreuz nichts Hoffnungsloses ist. Dann kann ich lernen, zu vertrauen.

Das Leben ist ein Wechselbad von Tabor, Kreuz und Auferstehung.

Wie oft, Herr, sehe ich in meinem Leben nur noch das Leid, das Kreuz. Wie wenig wird mir bewusst, dass es in diesem Leben auch immer wieder Taborstunden gibt, ja, dass auf den Tod die Auferstehung folgt.

Lehre mich, Herr, offen, empfänglich zu werden für Taborstunden, die Du mir immer wieder schenkst. Mit den Augen des Herzens kann ich sie immer wieder erkennen, in der Schönheit der Natur, im Lächeln meiner Mitmenschen, in so vielen Situationen meines Lebens.

Auch mit den Augen des Glaubens kann ich sie erkennen in den Stunden eines frohen Gebetes, in den Momenten wahrer Anbetung, im Trost und der Freude guter Gedanken.

Wenn ich mir dabei bewusst bleibe, dass das immer nur Momente sind, die mir Kraft und Mut schenken wollen für Zeiten des Dunkels und des Leides, dann werde ich dabei auch nicht überheblich. Dann bilde ich mir auch nichts auf solche Momente ein. Dann kann ich dankbar hoffen, durch Dein Kreuz durch all das Schwere getragen zu werden bis zum endgültigen Tabor, zum ewigen Verweilen in Deiner göttlichen Herrlichkeit.

Mein Kreuz bescheiden und fröhlich zu tragen macht es nicht nur mir, sondern auch meinen Nächsten leichter.

Herr Jesus Christus, aus den Taborstunden, die Du mir schenkst, kann ich immer wieder Kraft und Vertrauen schöpfen. Diese Kraft und dieses Vertrauen wiederum schenken mir die Fähigkeit, mein Kreuz bescheiden und fröhlich zu tragen. Wenn ich aber mein Kreuz in Bescheidenheit und Fröhlichkeit trage, dann wird es nicht nur mir leichter, sondern auch meine Umgebung leidet weniger darunter.

Dein Leid, Herr, zu verstehen, ist schwierig, wenn ich dabei zum Beispiel an das Leid Deiner Mutter und Deiner Freunde denke, die Dich auf Deinem Leidensweg begleitet haben. Warum mussten, wie konnten sie mittragen, was Du für uns leiden wolltest? Ich glaube, das war ihnen nur möglich, weil Du Dein Kreuz bescheiden und fröhlich getragen hast.

Sicher ist es sehr gewagt zu sagen, du hättest Dein Kreuz fröhlich getragen. Dazu war es zu gross. Und doch. Manchmal merke ich ein klein wenig, dass es eine Fröhlichkeit im Leiden gibt, die das Leid nicht verkleinert oder verharmlost, aber doch leichter macht, mir und meinem Nächsten. Herr lehre mich diese Art der Fröhlichkeit im Leid.

Das Kreuz steht für das Böse in der Welt, und genau so für die Liebe Gottes.

Gekreuzigter Herr und Gott. Das Kreuz steht für das Leid, für das Böse in dieser Welt. Das Kreuz steht für den Schmerz so vieler Menschen und die Grausamkeit so vieler. Das Kreuz steht auch dafür, dass eigener Schmerz und eigene Grausamkeit sich nicht ausschliessen, dass auch ich immer wieder fähig bin, Böses mit Bösem, Leid mit Leid zu vergelten.

Dein Kreuz aber steht für Deine göttliche Liebe, zu mir, und zu allen Menschen. Dein Kreuz ist das Zeichen, dass es möglich ist, das Böse zu besiegen durch das Leid, durch das Tragen, das Ertragen des Leides. Dein Kreuz zeigt den Weg in eine bessere Welt, wo nicht mehr Aug um Auge, Zahn um Zahn herrscht, sondern Erbarmen und Verzeihen, selbst um den Preis des Kreuzes.

So oft ist das Kreuz auch für mich der Preis für ein besseres Leben. Lass mich immer mehr erfahren, dass das, was ich annehme, was ich aus Liebe trage, Deine Liebe in diese oft so lieblose, so egozentrische Welt vermittelt. Lass mich vertrauen, dass kein Leid, aus Liebe getragen, sinnlos ist, ja, dass es keinen besseren Weg gibt, aus meinem Egoismus auszubrechen und so anderen zu helfen, dies ebenfalls zu tun.

Hätte Christus auf sein Recht gepocht, wir wären nie erlöst worden.

Wir Menschen neigen dazu, auf unser Recht zu pochen, unser Recht zu verteidigen oder einzufordern, wo immer wir überzeugt sind, im Recht zu sein. Du, Herr und Gott, hast nicht auf Dein Recht gepocht, sondern Deine Pflicht, den Willen des Vaters erfüllt. Nur so war es möglich, uns zu erlösen.

Heisst das nicht, Herr, dass auch wir uns immer fragen müssen, ob es wirklich notwendig ist, wenn wir glauben auf unser Recht pochen zu müssen? Heisst das nicht, dass wir, im Blick und im Vertrauen auf Dich, viel mehr bereit sein sollten, auf unser Recht zu verzichten, damit andere nicht, oder doch weniger leiden?

Dein Verzicht auf Dein Recht hat unser „Recht", Kinder Deines Vaters zu sein, wieder hergestellt. Der Verzicht auf mein Recht kann oft das Recht meines Mitmenschen wieder herstellen, und so zum Frieden und – so paradox es klingen mag – zu mehr Gerechtigkeit beitragen. Denn wo wir unser Recht Deiner allwissenden und allmächtigen Gerechtigkeit anvertrauen, da kommen weder wir noch unsere Mitmenschen zu kurz. Dann beginnt jenes Reich der Liebe aufzuleuchten, wo es keine Forderungen, sondern nur noch die Erfüllung gibt.

Das Kreuz Christi ist Evolution, nicht Revolution.

Viele, Herr, glaubten damals, Du wärest als Messias jener Revolutionär, der das Volk aus der Herrschaft der Römer befreien werde. Ihnen war Dein Kreuz die grosse Ernüchterung. Viele glauben heute, Du seiest der Führer, oder doch zumindest der geistige Vater einer Revolution, die in unserer Welt Frieden und Gerechtigkeit aufrichten soll. Sie werden früher oder später merken, dass sie einer Illusion aufgesessen sind.

Du, Herr, hast keine Revolution angezettelt. Du wirst auch heute oder morgen keine auslösen. Revolution bringt Krieg und Gewalt, also das Gegenteil von Friede und Gerechtigkeit. Dein Weg, Herr, ist die Evolution, die Entwicklung auf das Ideal hin. Und der Weg dieser Entwicklung läuft über die Entwicklung jedes Einzelnen. Sie läuft nach dem Prinzip: „Eine Welt, in der ein Mensch ein wenig besser, ein wenig friedfertiger wird, ist schon eine bessere, friedlichere, gerechtere Welt!"

Eines aber hast Du dabei immer sehr deutlich gemacht. Dieser Weg, diese Entwicklung geht nicht zuerst über die Entwicklung des Anderen. Sie läuft immer zuerst über meine eigene. Herr, lass mich ein Mensch sein, der sich Tag für Tag bemüht, ein wenig besser zu sein, als er am Tag zuvor war, damit diese Welt ein wenig besser werde.

Es ist keine Kunst, jenes Kreuz zu tragen, das ich mir selber zurecht lege.

Wie oft, Herr, glaube ich, es genüge, jenes Kreuz zu tragen, das ich mir selber zurecht lege. Das aber ist der falsche Weg. Das führt nur dazu, mich vor meinen Aufgaben zu drücken, Andere vorzuschieben, Forderungen an meine Nächsten zu stellen, auf mein Recht zu pochen. Oder es führt umgekehrt dazu, mehr leiden, mehr leisten zu wollen, als ich fähig bin. Das wiederum führt zum Versagen und dazu, dass Andere unter dem Kreuz leiden, das ich als meines ansehe.

Es ist eine grosse Kunst, das Kreuz so zu tragen, wie Du es mir auferlegst. Es braucht Demut, genau dieses und kein anderes zu wollen. Es braucht Glaube und Vertrauen, anzuerkennen, dass Du besser weisst als ich, was für mein und das Heil der Welt nötig ist. Es braucht die Bescheidenheit, nicht grösser, aber auch nicht kleiner vor Dir und der Welt dastehen zu wollen, als ich bin. Und es braucht den Mut und die Demut, dabei den Anderen nicht zu vergessen, ihm sein Kreuz tragen zu helfen, und die vielleicht noch grössere Demut, mir von anderen helfen zu lassen.

Das alles kann ich nur in jener Zuversicht, die sich ganz Dir anheim gibt, die alle Kraft von Deinem Kreuz erwartet.

Selbst Christus trug ein Kreuz, das ihn niederdrückte. Erdrücken aber liess er sich nicht.

Wie oft glaube ich, Herr, mein Kreuz würde mich erdrücken. Dann darf ich mich an Dich erinnern, an Dein Kreuz, das dich niederdrückte, ja, das Dir dreimal zum Fall wurde. Aber erdrücken liessest du dich nicht. Immer wieder standest Du auf, allem Schmerz zum Trotz und mir zur Hoffnung.

Hoffnung im Kreuz, auch das will Dein Kreuz mir schenken. Und die sicherste Hoffnung ist, dass auch mein Kreuz, so wie Deines, nicht sinnlos ist.

Zwar ist der Sinn meines Kreuzes nur selten offensichtlich. Meist sogar ist er kaum oder nicht zu erkennen. Doch auch der Sinn Deines Kreuzes ist nicht offensichtlich. Für den Ungläubigen ist er sogar ganz verborgen. Im Glauben beginnt uns der Sinn Deines Leidens aufzuleuchten. Im Glauben leuchtet uns auch der Sinn unseres Leidens auf, oder besser gesagt, erhalten wir die Gewissheit, dass auch unser Leid Sinn macht, selbst wenn wir es jetzt nicht erkennen.

Herr und Erlöser, schenke uns jenen Glauben, der Hoffnung bringt, jene Hoffnung, die uns vertrauen lässt. Dann wird auch unser Kreuz uns vielleicht oft niederdrücken, aber nie erdrücken.

Das Kreuz zu tragen lerne ich, indem ich ihm nicht ausweiche.

Im Glauben und Vertrauen haben wir die Gewissheit, dass auch unser Leiden Sinn macht. Wenn es aber Sinn macht, dann macht es keinen Sinn, im auszuweichen.

Selbstverständlich muss ich das Leid nicht suchen. Selbstverständlich darf ich auch die Freuden des Lebens geniessen, und ganz besonders jene Freuden, die ein Leben mit Dir schenkt. Leid gibt es in jedem Menschenleben auch so noch genug. Doch wenn es dann eintritt, wenn es mich trifft, dann bringt es nichts, ausweichen, flüchten zu wollen. Einerseits wird mich das Leid schnell einholen. Andererseits, was noch wichtiger ist, macht jeder Versuch, auszuweichen, das Leid nur noch schwerer.

Soll ich mich also freuen auf mein Leid? Ich glaube nicht. Aber ich darf und soll versuchen, mich im Leid zu freuen. Wenn ich die Augen offen halte, dann sehe ich auch, ja manchmal gerade im Leid, so vieles, an dem ich mich freuen kann. Mich daran zu freuen aber lässt mich oft mein Leid etwas vergessen, macht es mir leichter, hilft mir, einen Sinn darin zu erkennen. Das aber gelingt nur, wenn ich dem Leid nicht ausweiche.

Das Kreuzlein um unseren Hals sollten wir jeden Morgen ganz bewusst anziehen.

Viele von uns, Herr, tragen ein Kreuzlein um den Hals. Das ist ein schöner, sehr sinnvoller Brauch. Doch allzu gerne wird daraus eine Gewohnheit, ein blosser Schmuck

Eigentlich sollte ich jeden Morgen dieses Kreuzlein ganz bewusst anziehen. Ich bin Christ. Ich gehöre zu Christus. Das Kreuz ist sein Zeichen, das Zeichen unserer Erlösung. Mit meinem Kreuzlein könnte ich jeden Morgen, wie Paulus es sagt (Gal 3,17), Christus den Herrn neu anziehen.

Dann darf ich auch mit meinem Kreuzlein ganz bewusst mein eigenes Kreuz wieder aufnehmen, es ganz bewusst tragen. Mein Kreuzlein wird mich daran erinnern, dass auch das Kreuz meines Alltags eigentlich ganz klein, oder auf alle Fälle tragbar ist.

Und nicht zuletzt soll mein Kreuzlein mir helfen, mich zum Kreuz unseres Herrn zu bekennen, überall, wo man mich nach dem Grund meiner Hoffnung fragt.

So darf ich auch mein Kreuz wie mein Kreuzlein als einen Schmuck tragen, einen Schmuck, nicht für die Augen dieser Welt, aber für die Augen Gottes, weil er selbst mir diesen Schmuck geschenkt hat.

Unbesiegbar bleibt,
wem das Kreuz nichts ausmacht.

Christus, du Sieger über Sünde und Tod, was war es, mit dem du gesiegt hast? Es waren nicht Deine Heilungen und Wunder. Es waren nicht Deine grossartigen Gedanken. Es war auch nicht Dein Leben als Mensch. Ja, es war nicht einmal Deine göttliche Macht und Herrlichkeit. Es war Dein Kreuz.

Es ist deshalb nur logisch, dass es nicht irgendwelche grosse Taten sind, keine grossartigen Ideen, keine alternative Lebensformen, auch keine Macht und Stärke irgendwelcher Art, die Sünde und Leid in dieser Welt besiegen, sondern nur das Kreuz, Dein Kreuz zuerst, und dann auch meines.

Was machte die Stärke und nachhaltige Wirkung so vieler Heiliger aus, wenn nicht die Tatsache, dass ihnen ihr Kreuz nichts ausmachte, dass sie es ganz selbstverständlich trugen? Dadurch wurden sie immun gegen die Verlockungen und Erpressungen dieser Welt. Deshalb konnten sie die Wahrheit verkünden, das Gute tun, furchtlos und bescheiden, und deshalb glaubwürdig.

Christus, du Sieger über Sünde und Tod, lehre mich diese Art der „Kriegführung" mit dieser Welt. Lehre mich stark zu sein, dadurch, dass ich schwach bin, dadurch, dass Du meine Stärke bist.

**Es ist nicht der Sinn des Lebens,
das Kreuz zu tragen,
sondern von ihm getragen zu werden.**

Herr Jesus Christus, du hast Dein Kreuz getragen, damit wir von ihm getragen werden. Weil der Mensch sich Gott widersetzte ist er wie ein Schiffbrüchiger auf hoher See. Doch er hat dabei nicht einfach eine Nussschale, die jeden Augenblick zerschmettern kann. Wenn er nur will kann er sich auf die Balken Deines Kreuzes flüchten. Dann bist Du ihm Steuermann auch durch die dunkelste Nacht. Das ist die Erlösung, die sicher ans rettende Ufer trägt. Das ist der Sinn Deines menschlichen Lebens, nicht einfach das Kreuz zu tragen, sondern uns die Möglichkeit zu geben, von Deinem Kreuz getragen zu werden.

Getragen von Deinem Kreuz ist dann auch der Sinn meines Lebens nicht, das Kreuz zu tragen, sondern von ihm getragen zu werden. Mein Kreuz zwingt mich, Dein rettendes Kreuz zu suchen, mich daran festzuhalten. Dann strömt von Deinem Kreuz eine Hoffnung aus, die nichts und niemand zerstören kann.

Dann darf mein Kreuz auch anderen helfen, Dein Kreuz als Rettung zu sehen und zu suchen, Ihnen Wegweiser zu sein zu diesem tiefen Sinn des Kreuzes. Du willst ja, dass alle gerettet werden, und keiner nur für sich allein.

Das Kreuz rettet,
doch nicht auf Kosten unsrer Freiheit.

Wenn ich diesen Gedanken weiter spinne, dann wird klar, dass das Kreuz nicht von Dir, Herr, trennt, sondern dass es mich an Dich bindet. Dann zeigt sich plötzlich ein weiterer Aspekt Deines Leidens und Kreuzes. Hättest Du uns einfach durch Dein Allmachtswort aus Sünde und Schuld gerettet, den Himmel auf Erden hättest du damit auch nicht geschaffen, es sei denn auf Kosten unserer Freiheit. Dein Kreuz rettet, indem es uns die Freiheit lässt. Es ist eine Einladung, eine sichere Möglichkeit. An uns ist es, sie anzunehmen.

Und selbst, wenn wir sie verweigern, oder wenn wir sie wieder loslassen. Solange wir hoffen ist sie bei uns, solange wir leben, können wir sie ergreifen.

Solange wir dem Leid hier ausweichen können, finden wir es oft nicht nötig, uns an Dein Kreuz zu halten. Dann kann unser eigenes Leid zur Schule der Bescheidenheit werden, zur Lektion unserer Begrenztheit und Schwäche. Wenn wir daraus lernen, Dein Kreuz zu ergreifen, so wird auch unser Kreuz zur Bindung an Dich, eine Bindung, die um so fester hält, als wir sie immer wieder ganz bewusst wahrnehmen und pflegen.

Der "Cruzifixus", der ans Kreuz Geheftete, ist das Zeichen unserer Freiheit.

Kein anderer als Du, der Gekreuzigte, schenkt uns so viel Freiheit. Kein anderer zerbricht unsere Ketten. In keinem anderen Zeichen ist Heil, ist Befreiung, ist Erlösung.

Freiheit, das ist einer der tiefsten Wünsche des Menschen. Doch was ist Freiheit. Dein Kreuz lehrt uns, dass Freiheit nicht ist, das zu tun, was wir im Augenblick für richtig erachten, und schon gar nicht das, was wir für uns als besser erachten. Die tiefste Freiheit ist, sich frei für Gottes Willen entscheiden zu dürfen, im vollen Bewusstsein, dass wir nur so alle Fesseln des Bösen abwerfen, unser tiefstes Sein realisieren können.

Frei ist der Mensch, der sich selbst verwirklicht. Doch diese Selbstverwirklichung ist nur echt, soweit sie dem Plan Gottes im ihm entspricht. Wo er aus diesem Plan ausbricht, da wird er nicht frei, da verfängt er sich in alle möglichen Netzen und Zwängen.

Zur Freiheit hast Du uns berufen, Herr, zu einer Freiheit, nicht wie die Welt sie gibt, sondern zu jener Freiheit, die nur Du zu geben vermagst, zur absoluten Freiheit der Kinder Gottes.

Wer das Kreuz Christi nicht ernst nimmt, nimmt sein eigenes zu tragisch.

„In diesem Tränental" singen wir in einem Marienlied. Das stimmt, und das stimmt auch wieder nicht. Selbstverständlich ist vieles hier nicht gut, schlecht, oder gar böse, selbstverständlich gibt es hier Leid und Gefahren noch und noch. Aber zu jammern gibt es nichts, wenn wir Dein Kreuz ernst nehmen, Herr, unser Gott.

Du Herr bist in dieses „Tränental" hinab gestiegen, nicht um mit uns zu jammern, sondern um uns aus dem Jammern zu erlösen. Das tust du, indem du selber weit mehr Grund gehabt hättest, zu jammern und zu klagen. Mit Deinem Kreuz nimmst Du unserem Jammern den Grund, gibst Du unserem Leid den Sinn.

„In Dir ist Freude, in allem Leide!" Würde ich das besser begreifen, wie schnell würde mein Jammern verstummen, und nicht nur das, es würde sich jene Freude einstellen, die auch der grösste Schmerz und das bitterste Leid nicht zu stören, oder gar zerstören vermag.

Dein Leid war wichtig für die Welt, also auch für mich. Deshalb darf ich auch mein Leid nicht tragisch nehmen, sondern einfach nur wichtig.

**Gott darf uns über das Kreuz erziehen,
weil er uns am Kreuz seine Liebe gezeigt hat.**

Fast niemand mehr glaubt heute, dass Du uns Menschen auch strafen kannst und strafst. Und oft sind es dann die gleichen Leute, die für gewisse Vergehen und Verbrechen härtere Strafen vom Staat fordern.

Selbstverständlich, Du strafst nicht wie wir Menschen. Du strafst nicht aus Rache. Du strafst um uns zu erziehen, um uns weg vom Bösen an Dich zu ziehen. „Wenn ich erhöht sein werde, werde ich alle an mich ziehen." (Joh 12,32) Dein Kreuz, Herr, weist Dich als berechtigt aus, mich zu erziehen, weil Du vom Kreuz herab mich an Dich ziehen willst.

Du hast durch Leiden den Gehorsam gelernt, sagt die Schrift. (Hebr 5,8) Warum soll ich mich dann auflehnen, wenn Du mich durch Leiden den Gehorsam lehrst? Gehört denn das nicht auch zur Nachfolge, die Du von mir erwartest? Und wenn ich den Gedanken weiter spinne, wäre es nicht auch Nachfolge, durch meinen Gehorsam bis hinein ins Leid, meinen Mitmenschen, direkt oder indirekt, Strafe und Leid zu erleichtern? Ist das vielleicht Stolz? Durchaus möglich. Aber lass mich einsehen, Herr, dass diese Art der Nachfolge nur dann nützlich ist, für mich und meinen Nächsten, wenn ich auch darin sehe, wie Du mich erziehst.

Das Kreuz ist der Hirtenstab Gottes.

Wenn ich den letzten Gedanken nochmals aufnehme, dann wird klar: Das Kreuz ist Dein Hirtenstab, Herr und Hirte Deines Volkes.

Der Gedanke, dass wir Menschen Deine Herde sind, ist heute nicht mehr modern. Und doch. Das Bild des Hirten, der seine Herde führt und leitet, für sie sorgt, die Gefahren abwendet, sich für jeden einzelnen um alles kümmert, lieber selber leidet, als seine Herde leiden zu lassen, das ist ein wunderbares Bild von Dir, Herr Jesus Christus.

In diesem Bild, das fällt mir jetzt auf, ist eigentlich auch Dein Kreuz enthalten, in doppelter Hinsicht. Einmal ist es das Bild dessen, der Sein Leben hingibt für seine Schafe. Zum anderen ragt Dein Kreuz über uns hinaus wie der Hirtenstab aus der Herde. Wir können es immer sehen, und so in Deiner Nähe bleiben. Es zeigt uns, wohin Du gehst, damit wir Dir folgen können. Und es schenkt uns die Gewissheit, auf dem richtigen Weg zu sein, auf das rechte Ziel hinzulaufen.

Lass mich Dir folgen, Herr, wohin Du auch gehst (Mt 8,19), und wenn es auch hinauf auf Golgatha ist, hinauf aufs Kreuz. Denn auch dann weist Dein Hirtenstab weiter, zur Auferstehung, zum Leben.

Mit Christus ans Kreuz geheftet können unsere Sünden nicht auf uns zurück fallen.

Herr, mein Gott. Was wäre Dein Kreuz ohne unsere Sünde? Sinnloses Leid ist und bleibt sinnlos. Doch Dein Leid war nicht sinnlos. Es hat uns aus der Sünde erlöst. Es hat unsere Sünden ans Kreuz geheftet, sodass sie nicht mehr auf uns zurück fallen können.

Ohne Dein Kreuz, in einer Vergebung ohne das Kreuz, würden unsere Sünden einfach irgendwo in der Welt umher schwirren, bald diesen und bald jenen treffen, und auch mich. Das Kreuz ist jener Fixpunkt, der das verhindert.

Deshalb ist es so wichtig für mich, all meine Sünden mit Dir ans Kreuz zu heften, wichtig nicht nur für mich, wichtig genauso für meine Mitmenschen, für diese ganze Welt. Deshalb sind wohl Sünde und Leid in der Welt immer noch so weit verbreitet, weil wir Vergebung suchen ohne das Kreuz, am Kreuz vorbei.

Erst wo unsere Sünden an Dein Kreuz geheftet sind, werden sie unschädlich, für mich und für andere. Nur so wird Vergebung nicht zur Ungerechtigkeit. Denn was geschehen ist, ist geschehen. Nur an Dein Kreuz fixiert kann es nicht weiter wuchern, wird es aufgesogen in Deinen Tod.

Wer Gottes Gerechtigkeit verstehen will, muss auf das Kreuz schauen.

Sie ist ein grosses Geheimnis, Herr, Deine Gerechtigkeit. Sie ist Liebe. Sie ist Barmherzigkeit. Und doch ist sie gerecht, keine Ungerechtigkeit ist in ihr.

Du bist ein grosses Geheimnis, Herr unser Gott. Du vermagst alles, auch das scheinbar Widersprüchlichste. Du vermagst es, weil Du Gott bist, kein Mensch. Und Du vermagst es nicht zuletzt in und durch Dein Kreuz.

Natürlich hättest Du alles anders machen können. Ein Wort von Dir, und alle Sünde, alles Leid, alle Ungerechtigkeit wären verschwunden. Doch wie könnten wir dann begreifen? Wie könnten wir Dir dann danken?

Ich danke Dir, Herr unser Gott, indem ich auf Dein Kreuz schaue. Es ist meine Erlösung. Es ist auch die Erlösung der Anderen, nicht zuletzt auch aus meiner Sünde, aus den Folgen meiner Schuld. Dazu muss ich Dich, Dein Kreuz ins Zentrum stellen. Dazu muss ich alles Dir überlassen, mit Dir ans Kreuz heften. Und gleichzeitig sehe ich dann auch, dass auch ich meinen Teil übernehmen muss, den Teil, den Du mir zu meinem Heil, zum besseren Verständnis Deiner Barmherzigkeit, zur tieferen Beziehung mir Dir, überlässt.

Wer sich in sein Leid einschliesst, verweigert den Balsam des Mitleids.

Herr, mein Gott, du hast öffentlich gelitten. Du hast dich dem Spot und dem Hohn ausgesetzt. Du hast dich aber auch dem Mitleid geöffnet, dem Mitleid Deiner Mutter und Deines Jüngers, und auch dem Mitleid jener Frauen am Weg, denen Du sagen musstest: „Weinet nicht über mich, ..." (Lk 23,28)

Wenn mein Leid bekannt wird, dann wird auch selten Spott und Hohn, oder zumindest Gleichgültigkeit ausbleiben. Dann aber kann mir auch das Mitleid anderer begegnen, das Balsam ist für meine Seele.

Natürlich wird dann auch mir jenes Mitleid nicht erspart, das zwar gut gemeint ist, wie jenes der Frauen an Deinen Weg. Du selbst hattest in Deinem Leid die Augen offen für das wahre Leid jener Frauen. Schenke auch mir offene Augen, dass ich auch in meinem Leid noch Mitleid zeigen und schenken kann, selbst wo andere glauben, dieses nicht zu bedürfen. Das kann mir nur gelingen mit Blick auf Dein Kreuz. Dann aber werde ich so richtig erfahren, was es heisst, sich nicht in sein Leid einzuschliessen, mit Dir offen zu bleiben für alles Leid dieser Welt, körperliches wie seelisches. Dann werde ich auch plötzlich jenen weiteren Sinn meines Leidens erkennen, Leid als Schule des Mitleids, Leid als Mitmenschlichkeit.

Nur das Kreuz kann den Teufelskreis der bösen Tat durchbrechen.

„Es ist der Fluch der bösen Tat, dass sie fortlaufend Böses muss gebären." Wie oft, Herr, denken wir bei diesem Sprichwort nur an andere, übersehen wir, dass dies auch in unserem eigenen Leben gilt. Dabei müssen wir nur auf unsere Erfahrungen zurückgreifen um festzustellen, wie leicht aus einer, wenn auch noch so kleinen, bösen Tat, weitere hervorgehen, oftmals schlimmer als die erste.

Deswegen aber muss und darf ich nicht verzweifeln. Es gibt ein Mittel, solche Teufelskreise zu durchbrechen. Es ist das Kreuz, Dein Kreuz, aber auch mein eigenes. „Durch Dein Heiliges Kreuz hast Du die ganze Welt erlöst." Wenn ich all das Böse in mir und in der Welt sehe, dann möchte ich oft an dieser Wahrheit zweifeln. Aber Deine Erlösung hat nicht einfach alles Böse hinweggefegt. Doch sie hat die Möglichkeit für jeden geschaffen, auszubrechen und aufzubrechen hin zu Dir, der du das Gute schlechthin bist.

So kann und darf ich auch mein Kreuz sehen, nicht als etwas das alles Böse und Leid aus meinem Leben nehmen kann, sondern als etwas, das mich auffordert und mir hilft, selber aus der Gefangenschaft des Bösen auszubrechen, aufzubrechen, um mich mit Dir und Deinem Sieg am Kreuz zu vereinen.

Kein Kreuz ist sinnlos,
selbst wenn es untragbar erscheint.

Leidender Herr Jesus Christus. Ich komme immer wieder auf den gleichen Schluss. Wie ich es auch wende und drehe, kein Kreuz ist sinnlos, selbst wenn es mir untragbar erscheint. Seit Deinem Kreuz, Herr, gibt es kein sinnloses Leid mehr. Wäre dem nicht so, so wäre Dein Kreuz sinnlos. Doch seit Deinem Kreuz ist jedes Kreuz Erlösung.

Selbstverständlich ist das schwer, manchmal scheinbar unmöglich zu begreifen. Dann muss ich den Blick von meinem Kreuz weg auf Deines wenden. Menschlich gesehen ist Dein Kreuz sinnlos, das offensichtliche Versagen eines idealistischen Weltverbesserers. Erst aus Deiner göttlichen Perspektive heraus wird der Sinn Deines Kreuzes sichtbar.

Aber auch der Sinn meines Kreuzes wird erst aus Deiner göttlichen Perspektive heraus erkennbar. Von mir aus kann ich diese Perspektive nicht sehen. Aus meiner Optik ist es meist nur Versagen, meines oder das anderer. Aber Dein Kreuz schenkt mir die Hoffnung, diesen Sinn früher oder später wahrzunehmen. Diese Hoffnung ruht auf dem Glauben an Dich und Deine Erlösung. Dein Kreuz will mir Kraft schenken, wider alle Hoffnungslosigkeit zu vertrauen.

Im Kreuz ist Heil,
in ihm ist aber auch das Gericht.

Dein Kreuz, o Her, ist das Heil der Welt, auch mein Heil. Das ist meine Zuversicht. Das Heil, das ich mir selber nicht erwerben oder gar schaffen kann, das fliesst aus Deinem Kreuz. Ein wunderbarer Trost in all meiner Schwäche, in all meinem Versagen.

Doch ist in Deinem Kreuz auch das Gericht. In Deinem Kreuz hast du den Herrscher dieser Welt gerichtet, genau dann, als dieser glaubte dich hingerichtet zu haben. Das ist ein grosses Geheimnis.

In Deinem Kreuz ist aber auch das Gericht für mich. Du bist der Richter, der jetzt die Schuld des Angeklagten trägt. Und Du bist der Richter, der einst kommen wird, zu richten die Lebenden und die Toten. Auch das ist ein grosses Geheimnis. Vor Deinem Endgericht könnte man verzweifeln. Doch das Gericht Deines Kreuzes schenkt Zuversicht. Das scheint ein Widerspruch zu sein. Doch Dein Kreuz widerspricht aller menschlichen Logik.

Ich glaube und vertraue, wenn ich mich dem Gericht Deines Kreuzes unterwerfe, wenn ich dieses Urteil dankbar annehme, im Bewusstsein meiner Schuld, dann brauche ich das Endgericht nicht zu fürchten. Denn auch Du richtest nicht zweimal für die gleiche Schuld.

In der Liebe schenkst Du mir Freude.

Wenn ich in Dankbarkeit vor Deinem Kreuz stehe, dann wird mir klar, dass die Dankbarkeit jene Liebe ist, die Du von mir, von uns allen, erwartest. Was könnte der Mensch Dir sonst schenken, das Du nicht schon hast? Wie könnte ich Dir sonst meine Liebe zeigen? Liebe zu zeigen aber schenkt Freude, jene tiefe, beständige, unfassbare Freude, in der sogar noch das Kreuz ein Grund der Dankbarkeit, ein Grund der Liebe sein kann.

Amen.

Die Liebe siegt immer -
am Kreuz!

Die Macht der Liebe, ja, sie wird heute viel besungen. Auch Deine Liebe zu uns wird oft gepredigt. Aber vergessen wir nicht allzu gern, dass Deine Liebe, Herr unser Gott, Dich ans Kreuz geführt hat?

Irdische Liebe ist mächtig. Irdische Liebe vermag viel. Doch sie ist unbeständig und brüchig. Warum? Weil sie sich zu wenig am Deinem Kreuz orientiert, weil sie deswegen dem Leid ausweicht, weil sie glaubt, Leid habe nichts mit Liebe zu tun. Dabei lehrt uns die Erfahrung nur allzu deutlich, dass kaum eine wahre Liebe ohne Leid auskommt.

Du Herr hast nicht Deine Allmacht eingesetzt um uns zu retten, sondern Deine Liebe, eine Liebe, die ganz bewusst dem Leid, dem Kreuz nicht ausgewichen ist, die Kreuz und Leid bewusst einbezogen hat in den Rettungsplan für uns Menschen.

Das ist die Liebe, die die Welt besiegt. Das soll auch meine Liebe sein, und zwar zuerst meine Liebe zu Dir, Herr, mein Gott. Ich möchte Dich so lieben, wie Du es mir vorgelebt hast, mit einer Liebe bis hinauf aufs Kreuz, mit einer Liebe, die dem Leid nicht ausweicht, mit einer Liebe, die nur eines sein will, Antwort auf Deine Liebe, in Freud und im Leid, immer und überall und in jeder Situation meines Lebens.

Warum will ich Gott verstehen, wenn ich ihn lieben darf?

Deine Liebe, Herr, ist kaum zu verstehen. Doch weshalb muss ich sie überhaupt verstehen? Genügt es nicht zu wissen, dass ich Dich lieben darf?

Wahre Liebe schenkt Freude. Die Liebe zu Dir noch viel mehr. Menschliche Liebe muss stark sein und beständig um wahrgenommen zu werden. Die Liebe zu Dir darf auch nur ein kleines Flämmchen sein, denn selbst alle menschliche Stärke und Beständigkeit können Dir nie gerecht werden, können nie Deine Liebe wahrhaft erwidern. Du erlaubst mir, Dich so zu lieben, wie ich dazu fähig bin. Und wenn ich manchmal glaube, gar nicht zu dieser Liebe fähig zu sein, dann genügt Dir meine Dankbarkeit. Diese Dankbarkeit führt mich dann zur Liebe, man könnte auch sagen, diese Dankbarkeit ist dann schon Liebe.

Ich danke Dir, Herr, dass ich Dich lieben darf, dass ich Dir meine Liebe in der Dankbarkeit zeigen darf, dass Du eigentlich so wenig von mir erwartest, und mir doch so viel schenkst. Dich in der Dankbarkeit zu lieben ist immer möglich. Ja, die Dankbarkeit ist dann noch möglich, wenn mein Verstand streikt, wenn er die Liebe verweigern will, weil er nicht versteht. Wie aber will ich Dich verstehen, grosser Gott, wenn ich nicht einmal fähig bin, Deine Liebe auch in meinem Kreuz zu sehen?

Ich danke für mein Kreuz,
weil ich für Dein Kreuz danke.

Herr, ich möchte Dir für alles danken, und ganz besonders für Dein Kreuz. Wenn ich mich mit Deinem Kreuz beschäftige, dann ist das nichts als die logische Folge, die Antwort auf Deine Liebe, der Dank für Dein Kreuz.

Ich danke Dir für Dein Kreuz. Ich danke Dir für dieses unbegreifliche Zeichen Deiner Liebe und Deiner Barmherzigkeit. Ich danke Dir für Dein Kreuz, weil nur in Deinem Kreuz Heil zu finden ist, Heil für die Welt und Heil für mich. Du hättest in Deiner Allmacht dem Kreuz ausweichen können. Du aber bist ihm nicht ausgewichen. Ich kann als Mensch dem Kreuz nie ganz ausweichen. Ich muss es immer wieder annehmen. Dein Kreuz zeigt mir, dass dies möglich ist. Es zeigt mir aber auch, dass die Annahme des Kreuzes der wahrhaft göttliche Weg ist, Leid und Tod zu überwinden.

Das sind grosse Worte, Herr, ich weiss. Das ist unmöglich, solange Du mir nicht hilfst. Der Blick auf Dein Kreuz, die Dankbarkeit für Dein Kreuz helfen mir, Deine Hilfe anzunehmen, oder besser gesagt, in der Dankbarkeit für Dein Kreuz erfahre ich Deine Hilfe, Deine Liebe. In der Dankbarkeit für Dein Kreuz lerne ich, auch für mein Kreuz zu danken.

**Unter unserem Kreuz steht der Herr,
so wie wir unter seinem stehen sollten.**

Wenn mein Kreuz schwer wird, Herr, dann steht du darunter. Ich muss Dich nur sehen. Das aber lerne ich am besten im Blick auf Dein Kreuz. Im Blick auf Dein Kreuz nämlich stelle ich mich unter Dein Kreuz.

Ein eigenartiger Gedanke. Du stehst unter meinem Kreuz. Um dies zu sehen muss ich mich unter Dein Kreuz stellen. Du bist für mich am Kreuz und unter meinem Kreuz zugleich. Ich darf für dich am Kreuz sein und unter Deinem Kreuz zugleich.

Auch das sind wiederum grosse Worte. Herr, hilf, dass ich immer besser begreife und immer mehr mich bemühe, sie umzusetzen. Lass mich bewusst werden, dass unter Deinem Kreuz zu stehen sicher auch Mitleid ist mit Deinem Leiden, aber mehr noch die Annahme Deines Mitleidens mit mir, und dass, wenn ich am Kreuz für Dich leide, Du dies als Mitleid, als Mitleiden mit Dir annimmst.

Die Dankbarkeit für Dein Kreuz, die Liebe zu Deinem Kreuz, so könnte man sagen, ist das miteinander leiden, das miteinander lieben, das miteinander siegen von Gott und Mensch.

Das Leid gehört zum Werben Gottes um uns Menschen.

Herr, unser Gott. In Deiner Allmacht könntest du uns zwingen, ganz für dich da zu sein, nur Deinen Willen zu kennen und zu erfüllen. In Deiner Liebe aber schenkst du uns die Freiheit, auch die Freiheit, Deine Liebe nicht zu erwidern, Deinen Willen nicht zu erfüllen.

In dieser Entscheidung für oder gegen dich sind wir nicht allein gestellt. In Deiner Liebe wirbst Du um uns, um mich, mit all den Mitteln, die unsere Freiheit nicht beschneiden. Und eines, ein ganz wichtiges, ist das Leid, Dein Leid am Kreuz zuerst, aber auch unser Leid, so unglaublich das auch klingen mag.

Dein Kreuz ruft uns immer wieder zu: „So sehr hat Gott die Welt geliebt, ..."(Joh 3,16) Dies ist Dein unüberhörbares und unbegreifliches Werben um uns. Wenn ich das so richtig beherzigen könnte, was könnte ich anders, als diese Deine Liebe erwidern, mich selbst zurücknehmen.

Woher kommt das Leid? Ist es nicht der Missbrauch der Freiheit, der Missbrauch durch die ersten Menschen, der dann den Missbrauch aller, auch meinen, auslöste, weil wir alle diese Neigung ererbten, sein zu wollen wie Du, Gott, alles selber, besser wissen zu wollen, als Du?

In einer Liebe ohne Schmerz
fehlt das Salz der Leidenschaft.

Dein Kreuz, mein Herr, ist der Inbegriff Deines Werbens um uns, um mich. Deine Leidensbereitschaft, ich wage zu sagen Deine Leidenschaft für mich zeigt, wie ernst du es mit mir meinst.

Deshalb gehört auch zu meiner Liebe das Kreuz. Schon in der Beziehung zum Nächsten braucht es immer wieder eine solche Leidensbereitschaft, eine solche Leidenschaft für ihn. Ohne sie verkommt jede Beziehung zu einer reinen Interessengemeinschaft, die ihre Grenzen am Egoismus findet. Genau so braucht es in meiner Beziehung, meiner Liebe zu Dir diese Leidensbereitschaft, diese Leidenschaft für Dich. Auch in der Beziehung zu Dir kann es nicht zuerst um meine Interessen gehen, sondern um Deine, selbst wenn das einiges von mir fordert, mich vielleicht sogar hinauf führt ans Kreuz.

Sicher, ich muss, ja ich darf, das Leid nicht suchen. Du willst nicht mein Leid. Du willst meine Liebe. Dazu schenkst Du mir Deine Liebe bis hin ans Kreuz. Dafür willst Du meine Liebe bis hin ans Kreuz. Du allein weißt, wann das Kreuz, das Leid nötig sind, nötig für mich, oder nötig für meinen Nächsten, nötig auch, um meine Leidenschaft für Dich immer neu zu entzünden.

Das Kreuz ist die stärkste Antenne
zu unserem Nächsten.

Die Leidenschaft des Kreuzes schafft kein Leid, sie nimmt das Leid auf sich. So gesehen darf auch meine Leidenschaft für den Nächsten kein Leid schaffen, sondern muss das Leid auf sich nehmen. Dabei geht es zuerst um das Leid, das ich ihm abnehmen kann. Es geht aber auch um mein Leid, das ihm zum Heil dient, so wie Dein Leid am Kreuz uns allen zum Heil dient.

Eine solche Leidenschaft für meinen Nächsten, für all meine Nächsten, würde all meine Beziehungen komplett verändern. Er würde ins Zentrum meines Lebens rücken. Mein Leben würde dann wichtig, nicht in Bezug auf mich, sondern in Bezug auf ihn.

Dann aber wäre es ganz logisch, dass ich mit der gleichen Leidenschaft Dir anhange, dass mein Leben wichtig würde, wichtig in Bezug auf Dich. Oder ist es umgekehrt? Braucht es zuerst die Leidenschaft für Dich, um zu einer solchen Leidenschaft für meinen Nächsten fähig zu werden? Aus der Leidenschaft für Dich fliesst die Leidenschaft für meinen Nächsten. Die Leidenschaft für meinen Nächsten wiederum drängt mich zur Leidenschaft für Dich.

Was die Welt heute braucht, ist mehr Leidenschaft, jene Leidenschaft, die kein Leiden schafft, sondern es trägt.

Für andere zu leiden ist göttlich.

Du, Herr Jesus, hast für uns gelitten. Dein Leiden war göttlich. Wenn wir im gleichen Sinn und Geist für unseren Nächsten leiden, dann nehmen wir teil an Deinem Leiden, dann wird auch unser Leiden göttlich.

Göttliches Leiden aber, das muss mir immer klar sein, ist weder ein unnützes, noch ein selbstgefälliges Leiden. Wäre Dein Leiden unnütz gewesen, Du wärest ihm ausgewichen. Du hast Dein Leid auch nicht auf Dich genommen, um dich damit zu brüsten, um vor dem Vater und den Menschen gut da zustehen. Du hast schlicht und einfach in Deinem Erdenleben Deine Pflicht getan, Deinen Auftrag erfüllt, in Freud und in Leid, in Leben und Tod.

Das ist jenes göttlich Leiden, zu dem Du auch uns rufst, die getreue Pflichterfüllung, das Bestreben, Gottes Willen immer und überall zu erfüllen, in Freud und in Leid, im Leben und im Tod.

Wenn ich das Leid so sehe, dann wird es auch sofort selbstverständlicher und deshalb leichter. Dann freue ich mich mit den Fröhlichen und weine mit den Trauernden, (Röm 12,15) dann nehme ich Hilfe an, wo sie mir angeboten wird und biete meine Hilfe an, wo das nützlich erscheint. Dann erfahre ich eine Freiheit, die kein Leid zu beeinträchtigen vermag, eine wahrhaft göttliche Freiheit.

Frage nicht, weshalb Gott das Leid zulässt, frage, was er daraus macht.

Viele Menschen fragen immer wieder, weshalb Du, mein Herr und Gott, das Leid in dieser Welt zulässt. Ich glaube, selbst wenn Du versuchen würdest, mir das zu erklären, ich würde es nicht begreifen. Es bringt also nichts, zu fragen.

Weit mehr bringt es zu fragen, was Du aus dem Leid dieser Welt machst. Und da ist zuerst einmal Dein Leid in dieser Welt, Dein Kreuz. Daraus machtest Du das Heil der Menschen, unsere Erlösung.

Weshalb sollte es nicht auch so sein, dass Du alles andere Leid dieser Welt zum Heil für uns Menschen wendest? Es gibt so viele Möglichkeiten dafür. Du gibst mir die Gelegenheit, Dir zu vertrauen, an Dich zu glauben, Dich zu lieben. Du warnst mich dadurch vor möglichen Fehlern, verhinderst sie vielleicht sogar. Du gibst mir die Gelegenheit, etwas von meiner Schuld abzutragen. Oder darf ich durch mein Leid meinem Nächsten Trost und Zuversicht vermitteln, darf ich vielleicht sogar sein Leid tragen, tragen helfen?

Es gibt so viele Möglichkeiten, was Du alles aus unserem Leid machen kannst. Hilf mir, das immer wieder zu sehen. Dann wird sogar das Leid meine Beziehung zu Dir stärken.

Jede Trennung lehrt,
ohne Leid wird niemand frei.

Eine Trennung, Herr, bring oft Schmerz und Leid, besonders wenn es gilt, loszulassen, den Anderen seinen Weg gehen zu lassen. Doch jede dieser Trennungen macht auch frei, vielleicht mich, vielleicht den Anderen, vielleicht uns beide. Die Freiheit ist ein sehr hohes Gut. Dass sie etwas kostet ist deshalb nur logisch. Was ich aber dabei immer überlegen muss ist, was bringt mir die Freiheit, die ich mir wünsche. Führt sie nicht einfach in eine weitere Unfreiheit?

Der Mensch kann nun einmal nicht absolut frei leben. Er ist eingebunden in die Gesellschaft, und, was noch wichtiger ist, er ist - oder sollte - eingebunden sein in die Beziehung zu Dir. Das ist die höchste Freiheit des Menschen, möglichst frei zu sein für Dich, für die Beziehung zu Dir. Sich frei zu machen für Dich aber geht nicht ohne Trennungen, und damit nicht ohne Schmerz.

Nicht jeden rufst Du, ganz ohne jede Bindung an die Welt zu leben. Die meisten von uns haben eine Aufgabe in dieser Welt, für ihre Mitmenschen. Doch auch die Bindungen, die aus der Erfüllung Deines Willens fliessen, machen frei, wenn wir uns dabei von unserem Egoismus trennen. Gerade das aber kann manchmal sehr schmerzhaft sein.

Gib deinem Leid einen Sinn,
und du hast es schon halb überwunden.

Niemand kommt um die Erfahrung herum: Wo ich den Sinn meines Leidens nicht sehe, da wird es schwer, manchmal sogar untragbar. Darum Herr, lehre mich, den Sinn, den wahren Sinn des Leidens zu sehen, in all meinem Leid zuerst einmal den letzten Sinn, Deinen heiligen Willen, zu erkennen.

Wenn ich mich nicht darum bemühe Deinen Willen hinter allem Leid, aber auch hinter aller Freude zu sehen, dann fällt es mir schwer, in der konkreten Situation selbst einen an sich einleuchtenden Sinn zu erkennen und zu akzeptieren. Wo ich aber auf Dich und Deinen Willen ausgerichtet bleibe, da schenkst du mir Einsichten in den Sinn des konkreten Leidens, die mir sonst verschlossen bleiben. Dann kann ich ehrlich singen: „In Dir ist Freude, in allem Leide, o mein Heiland, Jesus Christ."

Die Freude im Leid, und damit die wahre Freude in meinem ganzen Leben, gründet doch auf der Verwirklichung meiner selbst. Mich selbst aber wahrhaft verwirklichen heisst nicht anderes, kann nichts anderes sein, als die Verwirklichung Deines Willens mit mir.

Darum, Herr, lass mich den Sinn meines Leides, aber auch den Sinn meiner Freude, ja den Sinn meines ganzen Lebens in Deinem Willen suchen. Dann ist auch mein Leid schon halb überwunden.

Jedes Leid wird leichter,
aus der Leidenschaft für Gott heraus.

Deinen Willen anzunehmen, Herr mein Gott, das mach alles Leid, ja mein ganzes Leben leichter. Deinen Willen zu suchen und zu sehen aber ist leichter, ist vielleicht sogar nur möglich, aus der Leidenschaft für Gott heraus.

Christus, Erlöser, Deine Leidenschaft für uns hat Dich in Deinem ganzen Erdenleben geführt und geleitet, bis hinauf an Kreuz. Oder war es Deine Leidenschaft für den Vater, die Leidenschaft im Heiligen Geist, in der sich Deine Leidenschaft für uns gründete?

Viele Menschen bemühen sich heute, eine Leidenschaft für ihre Mitmenschen, besonders für die Armen, Unterdrückten und Ausgestossenen zu entwickeln. Das ist sicher richtig und gut so. Aber muss nicht auch diese Leidenschaft sich auf eine Leidenschaft für Gott stützen, damit sie tragfähig bleibt, ja, damit sie überhaupt Sinn macht?

Herr, schenke mir die Leidenschaft für Dich, jene echte Leidenschaft, die nicht meinen Willen, sondern Deinen sucht, die sich bemüht, sich mit Deiner Leidenschaft für uns Menschen zu vereinen, und damit mit Deiner Leidenschaft für den Vater im Heiligen Geist. Dann wird auch für mich jedes Leid so, dass es für mich tragbar wird, so wie Dein Kreuz für Dich aus dieser Leidenschaft heraus tragbar wurde.

**Ein Beispiel habe ich euch gegeben,
damit auch ihr einander erträgt,
wie ich euch am Kreuz ertragen habe.**

Am Kreuz, mein Herr und Gott, hast Du nicht einfach Leid ertragen. Du hast unsere Schuld getragen, du hast uns selbst mit all unserer Schwäche, mit all unserem Versagen, ja, mit all unserer Bosheit, ertragen. So hast Du uns erlöst. Damit aber hast Du auch uns ein Beispiel gegeben, wie wir einander ertragen sollen.

Um meinen Nächsten zu ertragen, in seiner ganzen Schwäche, in all seinem Versagen, ja sogar in seiner Bosheit, kann ich mich in die Gleichgültigkeit flüchten. Ich kann mir eine harte Haut zulegen. Oder ich kann zur Rache Zuflucht nehmen, zurück schlagen. Richtig aber wäre es, ich würde Dich nachahmen, ihn ertragen, so wie Du mich am Kreuz ertragen hast, so wie Du mich immer noch trägst und erträgst.

Dein Kreuz für uns war für Dich der Wille des Vaters. Mein Kreuz mit meinem Nächsten soll auch für mich der Wille des Vaters sein. Und das gelingt wohl am besten, wenn ich versuche, es nicht als Kreuz mit ihm, sondern als Kreuz für ihn zu tragen. Damit wird es nicht nur leichter, sondern auch ich komme Dir einen Schritt näher, indem ich mich mit Deiner Leidenschaft für ihn, für uns all vereine.

Die Botschaft vom Kreuz ist die Botschaft wahrer Mitmenschlichkeit.

Was anderes Herr, mein Gott, ist wahre Mitmenschlichkeit, als diese Leidenschaft für meinen Nächsten, die in der Leidenschaft für Gott seine Wurzeln hat.

Damit aber wird die Botschaft Deines Kreuzes nicht einfach die Botschaft Deines Leidens für uns. Damit wird sie auch jene Botschaft, die uns den rechten, den einzig Erfolg versprechenden Weg für eine bessere Welt zeigt, die Botschaft von der wahren Mitmenschlichkeit, die wiederum nichts anderes ist als die Botschaft der Leidenschaft für Gottes Willen.

Das Reich Gottes ist, wo Sein Wille geschieht. Sein Wille aber ist das Heil aller Menschen, und zwar das Heil hier und jetzt genau so, wie das ewiges Heil. Diesen Willen, diesen Plan zu verwirklichen, soweit dies unseren Kräften entspricht, ist unsere Aufgabe, Dein Wille für mich. Wahre Mitmenschlichkeit ist als nichts anderes als Leidenschaft für Gott, und damit auch Leidensfähigkeit dort, wo es für mich und meinen Nächsten nötig wird.

So aber wird die Botschaft des Kreuzes die Botschaft jener Selbstverwirklichung, in der nicht ich, sondern Gott und Sein Wille im Zentrum stehen.

Der grösste Dienst, den der Herr uns erwies, ist nicht seine Botschaft, sondern sein Kreuz.

So oft, Herr, ist heute von Deinem Wort die Rede, von Deiner Botschaft. So wenig aber wird von Deinem Kreuz gesprochen. Dabei ist nicht Deine Botschaft der grösste Dienst, den du uns erwiesen hast, sondern Dein Kreuz.

Sicher, Dein Wort, Deine Botschaft ist weit mehr, als alle Weisheit aller Zeiten. Sie ist im wahrsten Sinn des Wortes göttlich, und deshalb für uns absolut notwendig. In ihr finden wir alles, was unser Heil ausmacht, unser Heil hier und jetzt, und unser ewiges Heil.

Doch was würde diese Botschaft uns überhaupt nützen ohne Dein Kreuz? Schon allein, wie glaubwürdig wäre sie ohne das Kreuz? Erst Dein Kreuz ermöglicht es uns, diese Botschaft überhaupt umzusetzen. Dein Kreuz hat uns aus der Knechtschaft der Sünde befreit. Erst in dieser Freiheit wird Deine Botschaft verständlich, nur in ihr wird es uns möglich sie zu leben.

Deine Botschaft zu leben ist immer nur ein Versuch, mit vielem Versagen und Rückschlägen. Erst der Blick auf Dein Kreuz ermöglicht uns immer wieder den Neubeginn, erst die Kraft Deines Kreuzes gibt uns die Kraft dazu.

Gott trägt lieber unsere Schuld als dass er uns bestraft.

Auch das ist eine Botschaft Deines Kreuzes. Deine Gerechtigkeit ist zwar absolut. Doch du hast einen Weg gefunden, trotzdem Barmherzigkeit zu üben, indem Du unsere Schuld trägst.

Zu strafen um der Strafe willen liegt Dir fern. Zu strafen zu unserer Belehrung, um uns zur Einsicht, zur Umkehr zu bewegen, das gehört zu Deiner göttlichen Pädagogik. Deine Strafen sollen unseren Blick auf Dein Kreuz lenken, uns bewusst machen, dass Du noch viel mehr trägst als Du bestrafst, dass Du lieber unsere Schuld auf Dich nimmst, als dass Du uns bestrafst, dass Du nur dort strafst, wo dies zu unserem Heil nötig ist.

Der Blick auf Dein Kreuz öffnet uns so für das Geheimnis Deiner Gerechtigkeit und Deiner Barmherzigkeit. Kein Mensch kann immer gleichzeitig gerecht und barmherzig sein, barmherzig gegenüber dem Schuldigen und gerecht gegenüber dem Geschädigten. Du, Herr, kannst es. Dein Kreuz beweist es. So gesehen wird das Kreuz zum Symbol Deiner Liebe zu allen Menschen, denen, die schuldig geworden sind, wie diejenigen, die durch die Schuld ihrer Nächsten leiden. Ja, so wird das Kreuz zum Symbol Deiner Liebe zur ganzen Schöpfung, die unter der Sünde, so oder so, leidet.

**Man schafft das Leid nicht aus der Welt,
indem man es auf andere abwälzt,
sondern indem man es trägt.**

Herr mein Gott, wie oft ziehen wir nicht aus, das Leid aus der Welt zu schaffen. Was unternehmen wir nicht alles zu diesem Zweck. Wie viel Tinte, ja sogar wie viel Blut wird vergossen für dieses Ideal. Damit aber ist noch nie das Leid aus der Welt geschafft worden. Dein Kreuz zeigt uns einen anderen Weg, den Weg, den Du gegangen bist. Am meisten Leid aus der Welt schafft, wer das Leid des Anderen trägt.

Wie oft auch versuchen wir nicht, unser eigenes Leid aus der Welt zu schaffen, indem wir es auf andere abwälzen. Es gibt ja so viele Möglichkeiten dazu. Egoismus und Rücksichtslosigkeit sind weit verbreitet, auch in meinem Leben. Überall, wo ich mich um mein Leid drücke, da ist die Wahrscheinlichkeit gross, dass es andere trifft, und überall, wo ich mein „Recht" durchsetze, wird immer das Recht anderer verletzt, schaffe ich Leid, statt es aus der Welt zu nehmen.

Herr, mein Gott, lass mich nie Dein Kreuz aus den Augen verlieren. Lass mich immer mehr bewusst werden, wie Du mit dem Leid umgegangen bist. Dann werde auch ich lernen, Leid selber zu tragen, statt es auf andere abzuwälzen, statt andere leiden zu lassen.

**Ein tieferes Glücksgefühl kenne ich nicht,
als wenn andere wegen mir weniger leiden.**

Mein Herr und mein Gott, erfahre ich nicht immer wieder, welch tiefes Glück es mir schenken kann, wenn andere wegen mir weniger leiden? Manchmal erlebe ich dieses Glück in der Dankbarkeit des Anderen. Oft aber genügt es schon, zu merken, dass mir so etwas gelungen ist.

Dieses Gefühl erlebe ich meist zuerst einmal, wenn es mir gelingt, jemandem zu helfen, sein Leid ein wenig zu erleichtern. Dieses Gefühl darf ich aber auch bewusst pflegen, wenn dies dadurch geschieht, dass ich mein Leid in Bescheidenheit und Fröhlichkeit trage, wenn es mir gelingt, ihn nicht damit zu belästigen, oder wenn er in meiner Haltung die Kraft findet, sein Leid zu tragen.

Dabei darf ich in Deinem Kreuz die Kraft dazu finden. Auch das ist ein Sinn Deines Kreuzes, ein Beispiel zu sein für unseren Umgang mit dem Kreuz. Vielleicht ist es sehr gewagt. Aber manchmal denke ich mir, auch Du konntest Dein Kreuz leichter tragen, weil Dir bewusst war, wie vielen Menschen Du dadurch den Mut und die Kraft schenkst, ihr Kreuz auf sich zu nehmen, weil du uns damit ermöglicht hast, uns hinter Dir einzureihen, vor Dir mitreissen zu lassen durch dieses Tal der Tränen.

Mein Kreuz kann mich lehren,
das Kreuz meines Nächsten zu sehen.

Wie gerne, Herr, sehe ich am Leid meines Nächsten vorbei, weil ich meine, oder vielleicht sogar sicher weiss, dass ich nicht helfen kann. Dein Kreuz aber will mich lehren, auch dann dieses Leid zu sehen. Ich sehe ja auch Dein Leid, und kann Dir nicht helfen. Aber ich kann unter Deinem Kreuz bleiben, einfach da sein, einfach bei Dir, mit Dir sein.

Das ist es, was mir bei vielem Leid in meiner Umgebung, aber auch in der grossen, weiten Welt oft als einziges übrig bleibt, da zu sein, dabei zu sein, mitzufühlen, die Augen nicht zu verschliessen.

Selbstverständlich muss ich, sollte ich helfen und mittragen wo immer es geht. Aber sehen muss ich diese Gelegenheiten zuerst einmal. Und dieses Sehen lerne ich wiederum mit dem Blick auf Dein Kreuz. Wenn ich dort nicht wegschaue, werde ich auch viel weniger wegschauen beim Leid meiner Nächsten. Und wenn ich weniger wegschaue, werde ich auch viel mehr Möglichkeiten sehen, zu helfen.

Herr, öffne meine Augen, damit ich sehe, öffne meine Ohren damit ich höre. Dann werde ich ein Bote des Heils werden, ein Bote Deines Kreuzes.

Das Kreuz fordert,
doch noch mehr fördert es.

Dein Kreuz, Herr, fordert. Es fordert nicht einfach Mitleid mit Dir. Sicher auch. Aber es fordert dieses Mitleid im Sinn von „mit Dir leiden". Dieses „mit Dir leiden" muss so sein, wie Du gelitten hast, ein Leiden nicht um des Leidens willen, sondern ein Leiden für Dich, für alle Menschen. Dein Kreuz, Herr, fordert ein positives Mitleid, ein wirksames Mitleid, ein aktives Mitleid mit meinen Nächsten.

Diese Forderung ist nicht leicht. Aber sie fördert mich sehr. Sie fördert einerseits meine Leidensbereitschaft und meine Leidensfähigkeit. Sie bricht meine Abwehrhaltung gegenüber dem Leid, dem notwendigen Leid. Sie schärft aber auch meinen Blick für das Leid der Welt und das Leid meiner Nächsten. Sie hilft mir, schneller und leichter Möglichkeiten zu erkennen, wie und wo ich, und wenn auch noch so wenig, Leid aus der Welt schaffen kann.

Und noch auf einem anderen Gebiet fördert mich diese Forderung. Sie fordert mich auf, nicht nur meine, sondern auch die Fehler und Schwächen meiner Nächsten Deiner Barmherzigkeit zu übergeben, besonders dort, wo ich selber darunter leide.

Die letzte Konsequenz der Liebe Gottes ist das Kreuz.

Herr, mein Gott, du bist konsequent in allem, was du tust, auch dort, wo wir dies mit unserer menschlichen Logik kaum oder nicht nachzuvollziehen vermögen. Du bist konsequent auch in Deiner Liebe.

Es gibt keine Liebe, ausser in der Freiheit. Das ist der Grund der Freiheit, die Du uns schenkst, jener absoluten Freiheit, die so weit geht, dass wir Dich ablehnen, ja sogar Deine Liebe missbrauchen können. Abgelehnte oder missbrauchte Liebe, das wissen wir alle, tut weh. Um uns zu zeigen, wie sehr Dich unsere Ablehnung schmerzt, auch dafür steht Dein Kreuz. Um es zu verhindern, hättest Du uns unsere Freiheit nehmen, Deine Liebe entziehen müssen.

Lass mich Herr, immer wieder auf Dein Kreuz schauen als auf die letzte Konsequenz Deiner Liebe. Lass mich für Dein Kreuz danken als dem innigsten Zeichen Deiner Liebe. Lass mich nie vergessen für diese Deine Liebe zu danken. Du schenkst uns so viel. Du bist immer bei uns. Dafür danken wir Dir. Doch der wichtigste Dank, den wir Dir schulden, ist der Dank für Deine Liebe, diese bis zur letzten Konsequenz des Kreuzes gehende Liebe zu uns.

Gott hat oft kein anderes Mittel mehr als das Kreuz, um den Menschen für sich zu gewinnen.

Diese letzte Konsequenz Deiner Liebe zu uns, Herr, ist auch oft das letzte Mittel, das Dir noch bleibt, um unsere Liebe zu gewinnen.

Alle Deine anderen Gaben kann ich als irgendwie selbstverständlich annehmen. Dein Kreuz jedoch als selbstverständlich hinzunehmen, das grenzt bereits an eine Ablehnung Deiner Güte, ja an eine Auflehnung gegen Dich. Würde ich mein Leben hingeben für einen Menschen, der mich beleidigt? Genau das aber tust Du in Deinem Kreuz. Du bist für uns gestorben, als wir noch Sünder waren, schreibt Paulus im Römerbrief. (Röm 5,8) Du bist für uns gestorben, nicht weil wir Deine Freunde waren, sondern um uns zu Deinen Freunden zu machen.

Ich muss mir immer wieder bewusst machen, dass es seit Deinem Kreuz keinen Grund mehr geben kann, Dich nicht zu lieben. Und ich darf mir bewusst bleiben, dass Du mich liebst, selbst wenn ich mich immer wieder von Dir abwende, selbst wenn ich Dich immer wieder beleidige. Es genügt, dass ich mich immer wieder, immer öfter, Deiner Liebe zuwende, Deine Liebe zu erwidern versuche. Der Blick auf Dein Kreuz wird mir dazu helfen.

**Gegen Ungerechtigkeit zu kämpfen
braucht Stärke.
Ungerechtigkeit zu ertragen
braucht Liebe.**

Ich kann kaum eine Zeitung öffnen, in der nicht irgendjemand gegen irgendeine Ungerechtigkeit anrennt. Doch wirklich gegen Ungerechtigkeit zu kämpfen, auch dort, wo dies für mich Konsequenzen hat, das braucht Mut und Stärke.

Die Erfahrung aber lehrt, dass oft der Kampf gegen die Ungerechtigkeit viel Leid, manchmal sogar noch grössere Ungerechtigkeiten mit sich bringt. Besonders wenn es um Ungerechtigkeiten geht, die mich selber betreffen, muss ich mir immer überlegen, ob es nicht weitaus wirksamer und sinnvoller wäre, die Ungerechtigkeit zu ertragen. Ist nicht das das Beispiel, das du uns am Kreuz gegeben hast? Liebe ist mächtig. Liebe bricht Hass und Gewalt. In Liebe ertragenes Unrecht kann, schon, rein menschlich, verhärtete Herzen erweichen. In Liebe zu Dir ertragenes Unrecht bringt die Macht Deines Kreuzes, die Macht Deiner Liebe ins Spiel.

Dein Kreuz ist Liebe zu uns. Hilf mir Herr, dass mein Kreuz, aus Liebe zu Dir getragen, zur Liebe für meinen Nächsten werde.

Lieber ein sinnvolles Leid, als ein sinnloses Glück.

Sinnloses Leid ist unerträglich. Leiden, das Sinn macht, lässt sich leichter tragen. Glück scheint uns so oft der Sinn des Lebens zu sein. Doch nicht jedes Glück macht Sinn. In Deinem Erdenleben, Herr, hast Du auf viel „Glück" verzichtet, weil es nicht zu Deinem Auftrag passte, weil es in Deiner Sendung keinen Sinn machte.

Auch mein Glück muss Sinn machen, muss zu Deinem Plan mit mir, Deiner Sendung für mich passen. Glück um des Glücksgefühls willen macht keinen Sinn, ist im Endeffekt nichts als eine Droge gegen die scheinbare Sinnlosigkeit des Lebens. Dem Leben einen Sinn geben, das macht glücklich, selbst wenn dieser Sinn Leid mit sich bringt, selbst wenn sich dieser Sinn nur dadurch erreichen lässt, dass ich dem Kreuz nicht ausweiche, so wie Du Deinem Kreuz nicht ausgewichen bist.

Dann werde ich erfahren, was wahres Glück ist, jenes Glück, das entsteht, wenn ich aus meinem Egoismus ausbreche, wenn ich mich öffne für Dich und in dieser Offenheit auch für meinen Nächsten. Der Sinn macht das Glück, in Freud und in Leid.

Das Kreuz ist das kräftige Zeichen
gegen unsere Forderungsmentalität.

Wir leben in einer Welt, in der jeder glaubt, Forderungen stellen zu müssen, und gleichzeitig in einer, in der je länger je weniger Menschen bereit sind, Forderungen an sie zu erfüllen. Diese Forderungsmentalität führt zum Irrsinn einer immer individualistischeren, und deshalb immer reglementierteren Welt.

Sicher, auch Du, Herr unser Gott, stellt Forderungen an uns. Doch Deine Forderungen sind nicht Forderungen für Dich. Es sind Forderungen für mich, zu meinem Nutzen, und zum Heil der ganzen Welt. Unsere Forderungen verlangen Geschenke für uns. Deine Forderungen sind Geschenke an uns.

Und wieder ist es Dein Kreuz, Herr, das uns den Weg aus dieser Forderungsmentalität heraus aufzeigt. Wir Menschen haben Deinen Tod gefordert. Du hast nicht unseren Tod als Gegenforderung aufgestellt, nein, Du hast unsere Forderung erfüllt, und uns dadurch das Leben geschenkt.

Die Konsequenz für uns ist dann, was Paulus den Korinthern schreibt: „Warum lasst ihr euch nicht lieber ausrauben?" (Kor 6,7) Warum stellen wir immer Forderungen, statt im Verzicht jenen Frieden zu finden, den nur Du zu schenken vermagst?

Auch ein Leben ohne Christus
ist kein Leben ohne Kreuz.

Die grosse Frage, die uns Menschen immer wieder bedrückt ist doch, wie kann Gott das Leid zulassen? Das passt gar nicht zu unserem Verständnis von Deiner Liebe und Deiner Allmacht, Herr, unser Gott. Und die grosse Versuchung ist dann, Dir und Deinen Forderungen auszuweichen in der Hoffnung, dass wir so dem Leid ausweichen, oder wenigstens durch Freude, Spass, und Genuss kompensieren oder verkleinern können. Doch das ist und bleibt der grosse Trugschluss dieser Welt.

Auch ein Leben ohne Dich, Herr, kann nie ein Leben ohne Kreuz sein. Vielleicht gelingt es zeitweise, so mein Leid zu vergessen, zu betäuben. Doch früher oder später fällt es auf mich zurück, mit der ganzen Wucht, die sich inzwischen aufgestaut hat.

Ein solches Leben aber ist auch ein Leben für mich, ein egozentrisches, ein egoistisches Leben. Nichts jedoch schafft mehr Leid in dieser Welt als der Egoismus. Wo dieser Egoismus dann auf einen anderen prallt, da sind Streit und Kampf vorprogrammiert. Das steigert sich solange, bis irgendwann einmal dieser Teufelskreis durchbrochen wird. Du Herr hast ihn am Kreuz durchbrochen, damit auch wir fähig werden ihn durch unser Kreuz zu durchbrechen.

**Dankbarkeit für das Leid
ist Dankbarkeit für ein Geschenk,
das man noch nicht versteht.**

Das alles ist nicht leicht zu verstehen, und schon gar nicht im Leben umzusetzen. Vielleicht gibt es nur einen Weg dazu, die Dankbarkeit, die Dankbarkeit für das Leid.

Herr, mein Gott, zu einer solchen Dankbarkeit für das Leid bin ich nur fähig, wenn ich zu begreifen beginne, dass nicht nur die schönen Stunden ein Geschenk von Dir sind, sondern auch die schweren. Wenn ich schon manchmal kaum begreife, weshalb Du mir all das Schöne und Beglückende schenkst, das ich erleben darf, wie unbegreiflicher ist dann das Geschenk des Leidens. Und doch, wenn ich beginne Dir bewusst zu danken, für alle Deine Gaben, die schönen und die weniger schönen, die frohen wie auch die schweren, dann wird mir alles zu Deinem Geschenk. Dann merke ich je länger je mehr, dass auch mein Leid mir nützlich ist, nicht nur für die Ewigkeit, sondern auch für mein ganz konkretes Leben hier und jetzt.

Leid kann mich offen werden lassen für meine Nächsten. Leid kann mich auch offen werden lassen für Dich, Herr, mein Gott, der mir immer schenkt, was ich brauche, auch wenn ich es nicht, noch nicht verstehe.

Das Kreuz ist der Ankerpunkt der Freundschaft zwischen mir und Gott.

In diesem Sinn wird dann Dein Kreuz zum Ankerpunkt unserer Freundschaft, jener unbegreiflichen Freundschaft zwischen Dir, dem Unendlichen Gott und mir, dem kleinen Geschöpf. In Deinem Kreuz hast Du diese Freundschaft zwischen Gott und Mensch besiegelt. Mit dem Geschenk Deines Kreuzes für uns hast Du sie bekräftig.

In meinem Kreuz finde ich Deine Freundschaft am schnellsten, wenn ich nur aufmerksam werde dafür. Mein Kreuz, für Dich, aus Liebe zu Dir getragen, die die beste Art, meinerseits diese Freundschaft zu bestätigen.

Was aber heisst aus Liebe zu Dir? Wo Liebe ein reines Gefühl bleibt, wird sie im Leid schnell einmal unmöglich, auch die Liebe zu Dir, mein Gott. Wahre Liebe ist nicht einfach ein Gefühl. Sie ist eine Haltung. Und diese Haltung drückt sich am besten aus in der Dankbarkeit.

Schon unter uns Menschen ist die Dankbarkeit das stärkste Band, der beste Schutz jeder Freundschaft. Umso mehr ist meine Dankbarkeit Dir gegenüber jenes Band, das mich in jeder Situation an Dich bindet. Umso mehr ist Dankbarkeit bereits Gottesliebe.

Lasset uns danken.

Wir beten dich an, und sagen Dir Dank, denn durch Dein Heiliges Kreuz hast Du die ganze Welt erlöst.

Glaube, der zur Demut führt, Hoffnung, die Zufriedenheit gebärt, Liebe, die Freude schenkt, diese drei. Das ist die Botschaft Deines Kreuzes. Dass ich das ein wenig sehen darf, dafür danke ich dir. Deswegen will ich Dich loben. Deshalb darf ich dich lieben. Was soll ich sonst noch sagen? Nichts. Aber hören will ich auf das, was Du mir damit sagst.

Lehre mich hören auf diese Botschaft. Lehre mich verstehen, was die Welt nicht versteht. Lehre mich lieben, was die Welt weit von sich weist. Denn Weisheit ist es, was Dein Kreuz mich lehrt. Kraft ist es, was das Kreuz mir gibt. Glück ist, was ich in ihm finde.

Herr, ich habe versucht, mich in Dein Kreuz zu vertiefen. Ich habe versucht, die Sehnsucht nach Dir, dem Gekreuzigten, zu wecken. Ich habe versucht, die Liebe zu Dir und Deinem Kreuz zu entfachen. Ich habe mich auf den Weg gemacht, der dorthin führt, wo Dein Kreuz als der glanzvolle Thron Deiner Herrlichkeit steht. Du bist bei mir. Bleibe Du bei mir, auch und gerade mit Deinem Kreuz.

Amen.

Weitere Werke vom gleichen Autor;

Heiligkeit für Anfänger
2006 Stelle-Maris-Verlag, Augsburg
ISBN 3-934225-41-1

Gott ist katholisch - Er ist der Allumfassende
Aphorismen und Sprüche
über Gott und die Welt
2008 Books on Demand GmbH, Norderstedt
ISBN 9783837070217

Weitere Informationen unter
 www.stefanfleischer.ch